淡交新書

文楽の女

吉田簑助の世界

吉田簑助
山川静夫

淡交社

目次

写真・青木信二

梅川

【冥途の飛脚】

――忠兵衛は着てる羽織が落ちてもわからないほど
梅川に惚れていたんですね（簑助）

簑助は梅川《うめがわ》に惚れている。

私（山川）も梅川に惚れている。

梅川がみずから言うように「天神太夫の身でもなし」というくらいの下級女郎《じょろう》なのだが、簑助は、世話物の遊女のなかではお初（『曾根崎心中』）とならんでこの梅川に魅かれるという。

ところが、この役は人形遣いにとって、逃げ出したいほどやりたくない役という複雑な関係にある。作品が義太夫本位で、太夫には語りごたえのある「封印切《ふういんきり》」だが、人形遣いにとって仕どころがまるでない。しずしずと登場したあとは、形・振り（かたち・ふり）ができない。サワリ（注1）はあっても、お園《その》（『艶容女舞衣《はですがたおんなまいぎぬ》』）のような〝ハアーッ〟といううしろぶり（注2）もない。ひどく陰気なのである。そこがたまらなくシンドイという。

簑助の梅川は、「封印切」では「新口村《にのくちむら》」にくらべてざっくりと着付けるように心がけている。それはせめてもの梅川の今置かれている境遇をあらわしたいからである。

それはそれとして、梅川には遊び好きの忠兵衛《ちゅうべえ》をトリコにしてしまうだけの魅力が備わっていたのだと思う。それは、遊女という商売のワザで惚れさせたのではなく、梅川に情と色気が備わっていたのだろう。だから、惚れさせたのは忠兵衛ばかりか、敵役の八右衛門でさえ、いつでも身請けしたいと思っているのであり、おそらく、梅川に接した客の誰もが、安女郎とばかりには片付けられない、どこかうしろ髪を引かれる思いを持ったのではなかったか。

忠兵衛という男の値打ちと、梅川の女の値打ちとを天秤にかけてみると、どうやら男のほうが分が悪い。忠兵衛という男は、「梶原源太はおれかしらんて」と自惚《うぬぼ》れ、自分の家の奥の様子を知るために、下女のお玉を口説いて「今晩抱いてやる」などと出まかせを言い、下女に「腰湯して待ちます」と期待させるような浮わついた一面を持っているのだ。

そういう忠兵衛に対しても、梅川は真心こめて接している。梅川を他人の手に渡したくないという忠兵衛に「それはこの身も同じこと、身一つ捨つると思うたら皆胸にこめてゐる」と自分の本心も明かし、「下《しも》宮島へも身を仕切り、大坂の浜に立っても、こなさん一人は養ふて、男に憂き目はかけまいもの、これ気を鎮めて下さんせ」と、けなげなことを言ってのける女なのである。要するに、忠兵衛にはもったいないほどの女であり、そのいい女が、男が公金の封を切ったばっかりにひどい目に遭うのがいたいたしい。梅川後援会としては、

「忠兵衛のド阿呆！」

と言いたいところである。

簑助にとって忘れられないのは、四世竹本越路太夫《たけもとこしじだゆう》（注3）と三味線の名手二世野澤喜左衛門（注4）のコンビによる「封印切」のすばらしさで、越路の浄瑠璃は、役の心にのめり込んだような迫力が感じられた。

聞けば梅川も、悲しいといとしいと身のはかなさをかきまぜて、胸引き裂ける忍び泣き

「封印切の段」

身の憂きしほで梅川もこゝを思ひの定宿と、よその勤めもかきのもと、島屋をちょっと島隠れ

「封印切の段」

人形の遣い方として、梅川のような遊女は、総じて、ちょこっと色気を出すというのか、色気でも〝くずした色気〟で、堅気《かたぎ》の女とはいささかちがうと言う。

簑助　文楽の人形で女方の色気を表現するには、〝両肩を使い分ける〟という言い方をします。でも、肩を使い分けてただ動かすだけではありません。肩をいかに動かして着物の胸のふくらみをたっぷり見せるか、肩をどう落すか、いろいろと考えるわけです。とくに梅川のような安女郎の色気は、肩だけでなしに、胸元がざっくりとしたズボラな着方で出します。男で言うたら、ネクタイをちょっとゆるめたような色気とでも申しますか。ですから、普通なら胴に針と糸でとめているんですけど、なるべくとめないようにする、それによって、着物がざっくり着てるように見えます。

情のこもった性交を、義太夫の世界では〝いとしぼい（愛しぼい）〟と表現するらしい。最初は遊びのつもりの忠兵衛も、梅川の〝いとしぼさ〟にだんだんと深みにはまり、淡路町からの帰りがけ、公金をふところにして道を急いだその足が、いつしか新町《しんまち》の方に向ってしまう。

近松（注5）の傑作『冥途《めいど》の飛脚《ひきゃく》』の上の巻、段切《だんぎれ》の名文句が忠兵衛の心境をみごとに描き出す。

「心は北へ行く〳〵と思ひながらも身は南、西横堀をうか〳〵と、気にしみつきし妓《よね》がこと、米屋町まで歩み来て、ヤア、これはしたり堂島のお屋敷へ行く筈、狐が化《ば》かすか南無三宝、と引き返せしが、ム、われ知らずこゝまで来たは、梅川が用あって氏神のお誘ひ、ちょっと寄って顔見てからと、立ち帰ってはいや大事、この金を持ってはつかひたからう、アア、おいてくれうか、いて退《の》けうか……、エイ行きもせいと、一度は思案二度は不思案三度飛脚戻れば合はせて六道の冥途の飛脚と」

このリズム感が、私たち文楽ファンの琴線をくすぐり、かつまた、忠兵衛をかほどまでも魅きつけて離さぬ梅川の色気と情に兜をぬぐのである。

■ ■ ■

冥途の飛脚（めいどのひきゃく）

近松門左衛門作。宝永七年（一七一一）三月初演。大坂の飛脚問屋の養子・忠兵衛が、店の預かり金に手をつけ、

我から狭き浮世の道、竹の内峠袖濡れて、岩屋越とて石道や、野越へ山暮れ里々越へて行くは恋ゆゑ。

「道行相合かご」

馴染みの新町の見世女郎・梅川と逃避行ののち、大和の新口村で捕われるまでを描く世話物。三巻。中巻「封印切」、下巻「新口村」の場面はとくに有名。

注1　**サワリ**

義太夫節以外の音曲を取り入れた部分のことをいうが、派手な聞かせどころとなっていて、クドキの部分に使われることが多いので、クドキと同じ意味で使われている。他の旋律にサワルというのが語源。

注2　**うしろぶり**

女心の切なさという内に秘めた感情の極まりを表現する、女方の人形にしか用いない独特の美しいうしろ姿。

注3　**四世竹本越路太夫**（たけもと・こしじだゆう　一九一三—二〇〇二）

義太夫節の太夫。大正十三年、二世古靱《こうつぼ》太夫（山城少掾《やましろのしょうじょう》）に入門して精進し、豊竹小松太夫から三世つばめ太夫。昭和二十九年、三味線の名手・二世野澤喜左衛門を相三味線に得て、人情味豊かな浄瑠璃を語り女心の哀感をみごとに表現した。昭和四十一年、四世襲名。人間国宝。平成元年引退。

注4　**二世野澤喜左衛門**（のざわ・きざえもん　一八九一—一九七六）

義太夫節の三味線弾き。作曲や演奏にすぐれた境地をみせ、やわらかく気品のある音色でファンを魅了した。昭和三十七年、人間国宝。

注5　**近松門左衛門**（ちかまつ・もんざえもん　一六五三—一七二四）

浄瑠璃作者の最高峰。初世竹本義太夫のために多くのすぐれた作品を提供し、義太夫節の完成を助けた。また、歌舞伎作者としてもすぐれ、浄瑠璃・歌舞伎におけるその功績は、近世演劇の確立をもたらした。代表作に、世話浄瑠璃に独自の境地をひらいた『曾根崎心中』等、時代物に『国性爺合戦』等多数がある。

おかる

【仮名手本忠臣蔵】

――腰元としてのわきまえも忘れて、勘平さん好き好きという気持ちで演じます（簑助）

『仮名手本忠臣蔵《かなでほんちゅうしんぐら》』を歌舞伎で上演する場合、昨今は、時間の関係もあって、「大序《だいじょ》」のあと「三段目」へ飛び、加古川本蔵が高師直《こうのもろなお》にワイロを贈って主人若狭助《わかさのすけ》のピンチを救い、松の廊下の判官《はんがん》の刃傷《にんじょう》を見せ、「四段目」の判官切腹、由良之助《ゆらのすけ》のかけつけ、城明け渡しと進んで、「落人《おちうど》」をつけるやり方が多い。

ところが、この「落人」というのは、原作では「三段目」の最後の部分「門外《もんそと》」になっていて、文楽では、この「三段目」の進物場、文使《ふみ》い、喧嘩場、門外を丁寧に見せる。こうすると、おかる・勘平《かんぺい》の伏線が実によくわかり、かつ、大胆な色模様が興味深い。

この「三段目」をつぶさに見ると、おかるという女性は、男に対してなかなか積極的な娘で、勘平は、そのおかるの身も心も投げ出してくるような積極的誘惑に負けたため、のちに「六段目」で切腹する羽目《はめ》になることがよくわかる。

「三段目」の「文使い」のくだりは、塩冶《えんや》判官の奥方顔世御前《かおよごぜん》からあずかった手紙をおかるが届けにかけつけたところ、横恋慕する伴内が言い寄る。それを勘平が見つけて、とっさの気転で声色を使い「伴内様〳〵。師直様の急御用」と、だまして去らせ、「まんまと首尾は仕おほせた」と、おかるの前で得意になる。すると、おかるは待ってましたとばかり勘平を誘惑しにかかる。

「サアその首尾ついでにな、ちょっと〳〵」と手をとれば、「ハテ扨《さて》、はづんだマア待ちゃいの」「なんの待つことがあるぞいなア。もうやがて夜が明けるはいな。是非に〳〵」といった具合で、勘平をよしずの蔭へ引き入れてしまうのである。このくだりの色っぽさたるや相当なものだ。

簑助　私も、おかるを何度かやらしてもらっているうちに、いちばんおかるで肝腎なのは「文使い」で勘平を誘惑するところだということがわかってきました。この場面で、勘平は、はやく帰りたいと思っているのに、おかるは、勘平が差していた刀をさっとぬき取ってしまうんです。勘平はあわてて、刀を返してくれ、返してくれ、とおかるを追いながらとうとうよしずの蔭へ入ってしまう。つまりは肉体関係を持たされてしまうわけです。そこで松の廊下の大事件が起り、あわてて勘平がかけつけたときはあとの祭。おかるを遣うものとしては、ここがポイントとなるんです。勘平のことを好きで好きでたまらず腰元としてのわきまえも忘れて身をこがすおかるの性根がいちばん表現できるところですね。とどのつまりは、切腹しようとする勘平をなだめて、おかるは自分の在所の山崎へいったん落ち延びて時節を待とうということになるんです。

さすが簑助は、この「三段目」のおかるの奔放さを見逃していない。

「六段目」になって、勘平の悲劇は最高潮に達するが、おかるにとってもまた〝身売り〟

勘平が妻のおかるは酔いざまし。はや廓なれて吹く風に、うさをはらして居るところに、

「祇園一力茶屋の段」

〽可愛い男に、いくせの思ひ

「祇園一力茶屋の段」

という悲しみに見舞われる。ただ「三段目」で自分がしつこい誘惑をしたばっかりに勘平に恥をかかせてしまったという後悔の念が、おかるには強く作用するはずだと思う。簑助は言う。

簑助　勘平に対して、心を残して駕籠《かご》にゆられて祇園町《ぎおんまち》へ売られていくおかるというのんは、もちろん「嫌や、嫌や」と反発はしています。けれども、私が身を売らんことには、この人はもう一度侍になられへんのやという思いを、役に托して遣うてます。

そのあたりの「六段目」のおかるの心の整理が、「七段目」祇園一力茶屋での文句「はや廓《さと》なれて吹く風に……」にあらわされているように感じる。たとえ遊里に身を落したとはいえ、愛する勘平のために役立っているといういさぎよさが〝廓なれたおかる〟とうつるのだろう。

だが、そのおかるのバックボーンである勘平が六月二十九日の夜に切腹したと聞かされては、もはや支えるものはなにもなく、「なんの生きてをりませう」と兄平右衛門の前に身を投げ出す気持ちへと自然につながっていく。

「七段目」のおかるは、父親と亭主の死を同時に知らされ驚きのあまり癪《しゃく》を起して苦しむ。癪とは胃痙攣《けいれん》と考えてよいだろう。人形でこの癪を見せるについてコツがある。

女方の色気は両方の肩を遣うところから生れるといわれるが、ただし、肩を張ったのでは色気がなくなる。癪のときに主遣《おも》いが右手で胃を突くと、左肩があがって色気を失うので、右手は軽く押えるだけにしておき、左遣いが左肩をさげ、ヒジのあたりをこねるように動かして苦しみを表現するのである。とにかく理屈ぬきで女方は肩をたいせつに遣っているようだ。

おかるが梯子を降りるとき歌舞伎が前向きで降りるのにくらべ、文楽ではうしろ向きに降りるのも特色だ。由良助《ゆらのすけ》は、梯子から降りるおかるに近寄り、密書を鏡で覗き見した時に落した簪《かんざし》を拾って、自分の髪に差し、ついでに扇子でおかるの裾をめくる。「覗かんすないな」とおかるがもだえると、由良助は「舟玉《ふなだま》さまが見ゆる」と、柏手《かしわで》をして拝む。舟玉（船霊）は航海の守護神だが、ここでは女陰にかけたシャレだろう。

『仮名手本忠臣蔵』のおかるを現代風に総括して言えば、男に対して積極的なオフィスガールが、激しい恋のはてに女房になったものの、その亭主がどうも食っていけないので、仕方なく自分は風俗営業で働いて貢《みつ》いでいるという状況だ。

こう言ってしまえば身も蓋もないが、人形遣いにとっては、矢絣《やがすり》に象徴される腰元のおかる、次に女房になって石持《こくもち》姿（注1）のおかる、そして遊女のおかると、場面場面の変化があり、仕どころのある、気持ちのいい役だということはたしかだ。

■ ■ ■

仮名手本忠臣蔵（かなでほんちゅうしんぐら）

竹田出雲、三好松洛、並木千柳合作。寛延元年（一七四八）八月初演。赤穂義士の仇討を題材とする時代物。十一段。時代設定を足利時代の『太平記』の世界に移し変え、大石内蔵助を大星由良助、浅野内匠頭を塩冶判官、吉良上野介を高師直とする。なお、おかるは顔世御前の腰元、早野勘平は塩冶判官の家臣。

注1　**石持姿**

紋のところを丸の白ぬきにした小袖のこと。主に町人の女房役に用いる。

お吉

【女殺油地獄】

――舞台いっぱいに、油が流れているように滑る演技、これこそ、人形遣いの三位一体の芸です（簑助）

豊島屋の女房お吉《きち》はなぜ与兵衛《よへえ》の刃にかかって死をとげたか……不思議な女のひとりである。

近松が描いた女性のなかでもおもしろい存在で、実に複雑な性格である。勝気《かちき》で、世話好きで、どこかにスキがあるようにも見え、美人で色気があるのに、なりふり構わず、もの堅く、貞淑である。

『女殺油地獄《おんなごろしあぶらのじごく》』上の巻で、与兵衛の友達の善兵衛が、通りかかったお吉を見送りつつ、こんなことを呟《つぶや》く。

「あの女は、与兵衛が筋向ひのおか様でないかい。物ごしもどこやら、恋のある美しい顔で、さて〳〵堅い女房ぢゃ、されば、年もまだ二十七、色はあれど数の子程子を産み、世帯染《じ》みて気が質実《こうとう》。よい女房にいかい疵、見かけばかりで甘味《うまみ》のない、飴細工の鳥ぢゃ」

善兵衛の観察によれば、お吉の色気や美しさはうわべばかりで、内面は操《みさお》が堅く、夫の七左衛門との間にたくさんの子供がおり、おもしろ味のない〝飴細工の鳥〟とのことだ。

事実、お吉は知ってか知らずか、そのとおり行動している。喧嘩で泥まみれになった与兵衛と二人だけで茶屋へ入って、帯を解かせ、与兵衛の着物を濯《すす》いでやったりしても平気であり、ズケズケと与兵衛に説教もするという、妙に他人の分野に立ち入りすぎるオセッカイな女だ。しかし作者の近松が「柳腰柳髪とろり」と表現するように、〝熟れた女〟であることにまちがいはない。そのお吉が、夫七左衛門の留守中、与兵衛に金を貸せとせまられ、拒絶して、殺される。

簑助　人形の方とすれば、お吉は、与兵衛がちょっと色気を感じるようなおなごでなければいかんというつもりです。たんと子供を産んだ女性というのは肉体的にも熟れている、そういう人妻の魅力が、どこかしらん匂っていたのでしょう。でも、商売をたいせつに思っているのも間違いない。与兵衛が金貸してくれと言うても断る、おまけにお説教までする、その両面を持った役どころですねえ。

簑助の〝匂っていた〟という言葉が気に入った。匂いはかたちではない。感じる人と感じない人があり、あるとき、突然その匂いを感じることだってあるのだから……。

私の推理はこうである。

お吉は、ちょっと人目を引くいい女でありながら、母性愛型の女で、表面的な〝姿〟〝かたち〟は、ほとんど自分では意識していなかったのではないか。そういう女が日頃から与兵衛と接していても、相手を弟か息子のような、無邪気な男の子としてみてしまうのも無理がないように思える。一方、与兵衛は〝甘え〟でお吉とつき合っていた。ふだんはお吉を〝女〟という対象でとらえていなかった。現に与兵衛には新町《しんまち》に小菊という想い人がいる。

そういう無意識の二人が、夜の豊島屋で改めて相対したとき、局面が変った。ほの暗い行燈《あんどん》の明りにゆれるお吉はまぎれもなく色っぽい女だった。与兵衛は、はじめはいつものお吉に対する甘えで借金を請うていたが、だんだん相手が〝女〟であることに目覚めたのかもしれない。しかも、小菊とはまたちがった魅力を感じとったのかもしれない。親しいお吉のことだから金もなんとかなるだろうという安易な思惑も働いたであろう。

ところが、お吉にキッパリ断られた。いつもの気さくなお吉とは別の、もの堅い商家の人妻だった。与兵衛は出口をふさがれた。せっぱつまって口から出た言葉が、「不義になって貸して下され」である。与兵衛はとっさのカケに出たのである。女がはじめての肉体関係を〝応〟と言うか〝否〟と言うかは、男にとってみれば一種カケである。女が積極的に言い寄ってくれれば別だが、そうでない限り、男から言い出してみなければその結果はわからない。確たる当てはないが、与兵衛の男としての自信が「不義になって貸して下され」という言葉になって出た。

お吉はお吉で、相変らず駄々ッ子の与兵衛なら適当にあしらえるものと軽く考えていたのだろう。その食いちがいが油断《すき》となったのではなかったか。

「出合へ」と喚く一声。二声待たずとびかゝり取って引き締め、

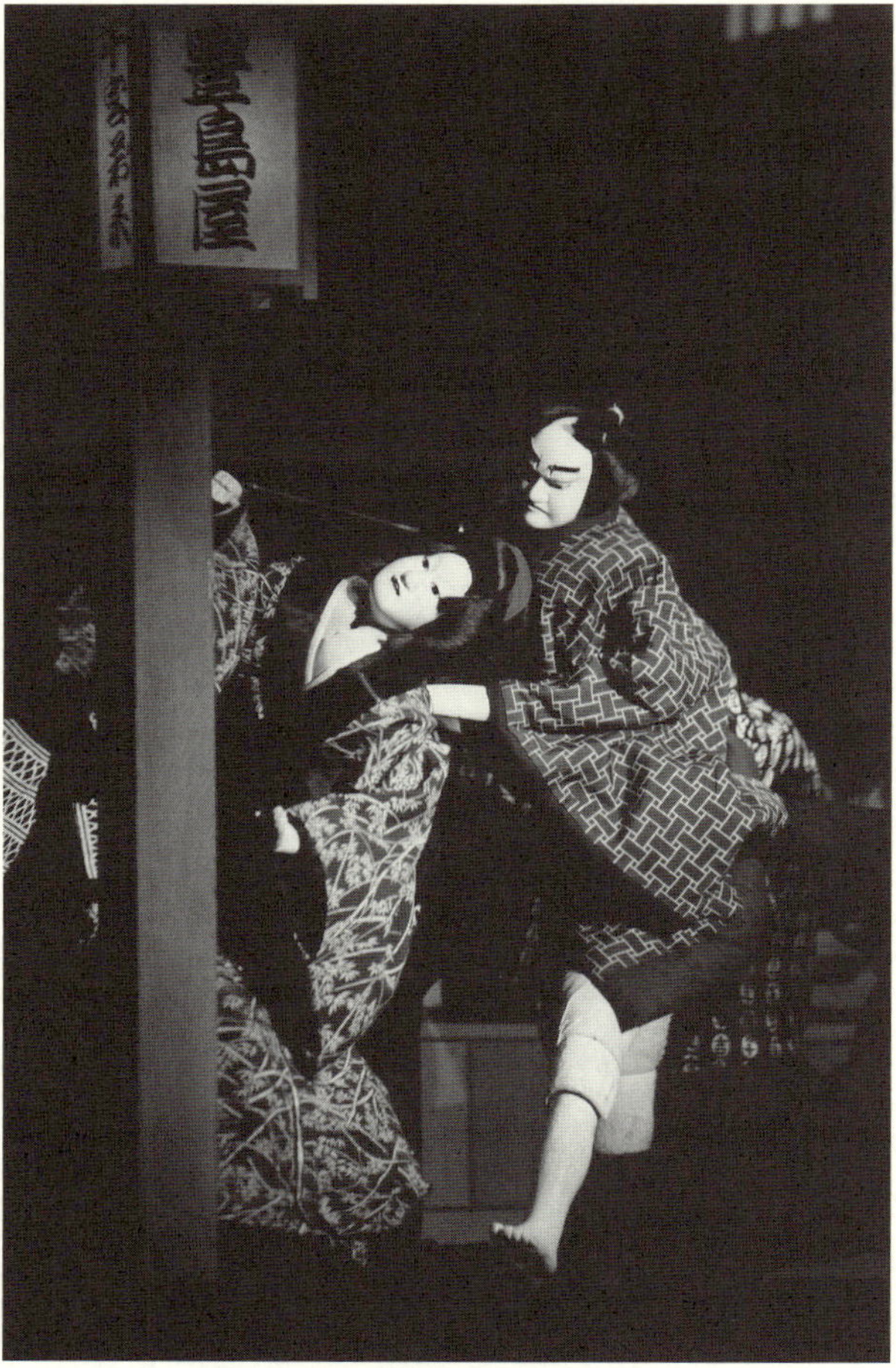

「豊島屋油店の段」

与兵衛がもう少し周到な男なら、あらかじめお吉と肉体関係を結んでおき、惚れさせたうえで金をせがむやり方をしただろう。しかし、借金を頼んで、それが駄目となってから肉体関係をせまるというのは、いくらなんでも無茶で、与兵衛の〝思いつきの不義〟に、お吉がますます身を堅くしたのが、手にとるようにわかる。

女遊びのためにふくれあがった借金を工面するのに、最初から〝女〟として好意を抱いている人のところへ頼みに行く男はまずない。ふだんは〝女〟として意識していないお吉だったればこそ、叔母か姉に頼むようなつもりで、与兵衛はお吉をたずねたのだろう。その結果、みずからも予想だにしなかった惨劇へとつながっていく。

油にまみれ逃げ惑うお吉のあられもない姿に、与兵衛は思いがけない本当の欲情を覚えたかもしれぬ。

死んだお吉も、殺した与兵衛も、「まさか、まさか」とあの世でも言いつづけそうな事件であった。

ところで、歌舞伎の場合、お吉は当然のことながら女形が演ずる。しかし私はいつもこの役に限っては、着物が濡れて体の線が出るし、素肌は出せないし、女形には限界があり、

「豊島屋油店の段」
お吉が身を裂く剣の山
目前油の地獄の苦しみ。

女優さんのほうが、男から見た場合は素直に見られる。ところが文楽の場合は、簑助のような女方の男が遣う人形であってもびくともしない。かえって光を放つ。それにまた、歌舞伎では床に油の小道具のニカワを流して滑るようにするが、文楽ではいっさいそういうことはせず、人形遣いの演技ひとつで滑っているように見せる。簑助もこれは見せどころと考えている。

簑助　一番お客さんが待っているのは、やはり油の地獄というくらいですから、滑るところを小道具の油は使わずに、二尺七寸という空間のなかで、いかに与兵衛・お吉の人形遣い六人が心を合せて油のなかを滑っていくように見せられるかです。これこそ三位一体の芸ですね。足のほうから滑るんですから、お吉と与兵衛がぶつかるところなどは、両方の足遣いが本当にきっちり遣わないとできないわけですよ。

このあたりの人形遣いの演技は、主遣《おも》いも、左遣いも、足遣いも（注1）、地位や経験をこえて、ただひとつ〝心を通わせる〟ことだけに集中している点に注目していただきたい。

そして、芝居が終り、観客から大きな拍手をあびると、このときばかりは、左遣いも、足遣いも、「おれが主役だったのだ！」と、幸せこのうえない一瞬を味わうという。

■　■　■

女殺油地獄（おんなころしあぶらのじごく）

近松門左衛門作。享保六年（一七二一）七月初演。大坂天満町の油問屋河内家の二男・与兵衛が、同じ町内の同業豊島屋の女房・お吉を殺害するまでを描く世話物。三巻。下巻「豊島屋」での油にまみれた凄惨なお吉殺しが本作のヤマ場。

注1

主遣い　文楽の三人遣いにおいて、人形のかしらと右手の動作を受け持つ人形遣いのこと。

左遣い　人形の左手の動作を受け持つ人形遣いのこと。

足遣い　人形の足の動作を受け持つ人形遣いのこと。

小春

【心中天網島】

――お客さんからは見えないけれども、人形遣いは、小春の嘘を、火鉢のなかに托してます（簑助）

現代では、一流企業に就職した人でも、なにか不満が起ると、さっさとやめて他へ移ってしまう傾向が出てきた。かつては滅私奉公《めっしほうこう》で、いったん就職した企業に一生かけて貢献するのが普通であったことを考えれば、隔世の感がある。

結婚についても同じことがいえる。いったん嫁《か》したら、二度と実家の敷居はまたぐなといわれるほど悲壮な決意で結婚していく女性が当り前とされた。それも、自分の意志で選んだ相手ならまだしも、強引に親がすすめる男とか、まだ一度も会ったことのない男に嫁《とつ》ぐ女性さえ、江戸時代にはいたのである。

忍従――ひたすら耐え忍ぶことが結婚した女性の第一条件だった。女は主人に従うのが当然とされ、嫁ぎ先の家風にすべて合せることによって、嫁の立場は抹殺された。それというのも、〝離婚〟をいちばん恐れたからではなかったか。

離婚は、その家にとって、きわめて不名誉な出来事であるばかりでなく、女が夫と別れてしまったら、家もなく、第一、食べていけないのだ。遊女になることさえむずかしい〝バツイチ〟が、生きていくことはいかに困難だったか。女性に職業というものがほとんど認められなかった時代だったのである。

離婚は、女性にとって死を意味した。〝女〟と〝家〟が密着していてこそ〝嫁〟という字が成り立つのだった。

おさんは、治兵衛《じへえ》のところへ嫁いで、夫が小春《こはる》という遊女に熱をあげていても、ひたすら忍の一字で貞節を守り、家のなかを乱すまいとする。

一方、遊女の小春は、自分に惚れて通ってくる治兵衛に女房がいることを知りながら、

格子手枷にもがけば締り、身は煩悩につながるる犬に劣った生恥を、覚悟極めし、

「北新地河庄の段」

誓紙まで交して、結果的には、おさんから夫を奪い取る女である。

同じ女性でもずいぶんちがう。そのちがいは〝遊女〟と〝人妻〟という立場よりも、〝家のある女〟と〝家のない女〟のちがい、と見たほうがわかりやすい。家のある女は安住は手に入れたかわり感情を捨てた。家のない女は安住はないが存分に恋に身をゆだね、恋のためには死んでもよいと思えるほどの感情の自由を手に入れたのである。

ただし、このおさんは、「酒屋」(『艶容女舞衣《はですがたおんなまいぎぬ》』)のお園《その》のように自分ですべての責任をかぶり絶対に抵抗をしないという女ではない。家へ帰ってからも小春と別れたことを悔んで炬燵《こたつ》のなかでふて寝して涙を流す夫の治兵衛に、きっぱりと恨み言を言う。

「おととし十月に枕をならべて寝たのが最後、もう二年間も私たちには夫婦生活がないじゃあないの。私のふところに鬼が住むか蛇が住むかは知らないけれど、せっかくこうして帰ってきたあなたと夫婦《めおと》らしい寝物語でもしようと思っているのに、それほど小春さんが恋しいの！　涙を流すほど小春さんが好きなら、もっとお泣きなさいよ、泣いてよく〳〵、その涙が蜆川《しじみがわ》へ流れていったら、小春さんが汲んで飲むでしょうよ。あんまりじゃないの、治兵衛さん」

という激しいなじり方だ。

治兵衛という男は、あっちでもこっちでもいい格好ばかりする。「河庄《かわしょう》」に頬被りして登場するくだり（治兵衛の頬被りは結び目を左にするのが文楽。歌舞伎でも関西は左）でも「魂抜けてとぼ〳〵うか〳〵……」と、ふぬけの状態だし、家へ帰っておさんに恨み言を言われると、ここでも調子のいいことを言う。

「悲しい涙は目より出て、無念の涙は耳からなりと出るならば、いはずと心を見すべきに、同じ目よりこぼるゝ涙の色の変はらねば、心の見えぬは尤《もっと》も〳〵」

つまり、おさんに向って、俺の本心を見せられないのが残念だと、いかにも小春を思いきったような嘘をつくひどい奴だ。

治兵衛が嘘つきなら、小春もまた嘘つきだ。

簑助　小春のサワリのところで、治兵衛の兄の孫右衛門《まごえもん》に説《さと》されて「別れます」と小春は言うんですが、このとき、小道具の火鉢を使って、火箸で灰をいじりますが、その灰に、「治兵衛さん、治兵衛さん」と書いている気持ちで小春を遣います。つまり、孫右衛門に言う

「北新地河庄の段」

てることと、自分の心のなかとはちがっているという人形遣いの心情表現で、肩にも色気が自然に出てきます。ただ灰を火箸でいじってるだけじゃないんです。ひとつの心得ですね。

簑助は、小春の嘘を火鉢のなかへ書き込む。

作者の近松門左衛門も、あんまり小春・治兵衛に嘘ばかりつかせてそのまま心中させるのは胸が痛んだのか、道行《みちゆき》（注1）「名残の橋づくし」では、おさんに気を遣い、小春・治兵衛を同時に死なさず、治兵衛は自分の刀で小春を殺しておいて、あとは小春のしごきで首を吊って死なせている。せめてものおさんへの義理立てである。

下の巻「大和屋」の場は、戦後では昭和二十二年二月に「紙屋内より大和屋」が、織太夫・團六によって演奏された（この年の五月から二人は綱太夫・弥七となる）。総じて、『天網島』という芝居は、「河庄」「紙治」「大和屋」と、それぞれ治兵衛の性根が変るので、通しの場合、役になりきるのに時間がかかるような気がすると、簑助は言う。

簑助　劇評家がね、こんなことを言うんですよ。簑助の△△役は、その場面場面によって性根が変っていくと。その性根というのは太夫が語ってるんですから、こっちは太夫に合せて演技しなくちゃいけないわけでしょう。一段にしても太夫が三人ぐらい変る場合があるんですもの。その都度、性根がちがうと言われたんでは困るわけですよね、うん、うん、うん。

簑助の精一杯の反撃。ちなみに「うん、うん、うん」というのは、簑助の喋るときのくせ。

■　■　■

心中天網島（しんじゅうてんのあみじま）

近松門左衛門作。享保五年（一七二〇）十二月初演。大坂天満の紙屋治兵衛と北新地の遊女・小春が網島にある大長寺で心中した実話を脚色した近松晩年の傑作で、色と金と義理に縛られた男女を描く世話物。上巻「河庄」、中巻「紙治」、下巻「大和屋」の三巻。

注1　**道行**

浄瑠璃においての道行は、近松門左衛門の世話物の道行の創出以来心中物と結びつき、死出の旅路のかたちをとるようになった。とくに名高いものに、「名残の橋づくし」と『曾根崎心中』の「道行」がある。

お駒

【恋娘昔八丈】

――片手遣い、難しいんだけれどもやりがいがあるんです（簑助）

「闇の夜にお駒《こま》とお駒が行き当り」という川柳がある。『恋娘昔八丈《こいむすめむかしはちじょう》』が安永四年（一七七五）に初演されると、この芝居のなかのクドキ（注1）「そりゃ聞こえませぬ才三様《さいざ》」を語った竹本筆太夫《ふでたゆう》（注2）が大好評で、みなみな口真似をし大流行となった。闇の夜でもクドキを口ずさんで歩いている人が多かったところから、こんな川柳が生れたのである。

お駒は、大店《おおだな》「城木屋」の一人娘である。しかし、城木屋の家運は傾き、親は金目当てに、喜蔵という聟《むこ》をお駒にとらせようとする。お駒には才三郎という元は侍の恋人がいるから、喜蔵と一緒になりたくはない。だが、恋しい才三郎が家宝の茶入を探していることや、その茶入が喜蔵の手に渡っていることを知ったお駒は、才三郎のたのみもあって喜蔵と偽装結婚をするのである。

お駒に横恋慕している番頭の丈八は、お駒に喜蔵毒殺をすすめ、お駒はそそのかされて、ついに夫殺しまでやってしまうのだ。

お駒は捕えられ鈴ケ森の刑場に引き出される。うしろ手にしばられた黄八丈のお駒の美しさに、群衆はどよめく。〝罪深いあだ花〟とでもいうのだろうか。

こうして〝恋は盲目〟の言葉どおり、お駒は才三郎恋しさの一心で、すべての判断力を失ってしまうところが哀れだ。

ここでもまた、お駒を取り巻く理不尽な男たちの身勝手さが目につく。いくら家運が傾いているとはいえ、娘の意にそわぬ男を金目当てだけで、押しつけようとする父親、自分を一途に慕う女と知りながらそれを逆に利用して、忠義のためとはいえ喜蔵との偽装結婚をすすめる才三郎、さらに、その喜蔵殺しを焚きつける番頭丈八。みなお駒を犠牲にしておのれの欲望を満足させようとする卑劣な男たちばかりであることが、同性として恥かしい。

ふと、私は、大韓航空機爆破事件のキム・ヒョンヒのことを思い浮べる。彼女もまた美人である。自分に課せられた使命を全うするために善悪の判断をいっさい無視して直進するキム・ヒョンヒと、恋の成就が唯一の目的であったお駒を、くらべてみたくなるのである。

両者の趣きにいささかのちがいはあっても、〝悪魔のささやき〟に身をゆだねてしまう女性という共通点はあり、国家間の謀略や悪い男の犠牲になってしまう哀れな女性の代表的存在ではないか。

幸いなことに、お駒の場合に限っては、茶入を盗んだ犯人が喜蔵であることが判明し、処刑寸前になってお駒にはおとがめなし。めでたく才三郎と結ばれるというハッピーエンドとなる。

「城木屋」の前に「勘当場」というのがあって、この場でのお駒の扮装《こしらえ》は黄八丈ではなく腰元ふうの恰好をしている。だから大店のお嬢さんというイメージが強い。しかし、「城木屋」になると黄八丈に変り、お駒が少し伝法な性格を加味してくる。

だいたい文楽で女が男を口説くサワリの部分というのは、下手《しもて》の女が上手《かみて》の男に訴えるというかたちが多い。それは、技法的に見て、女の人形が上手にくると主遣《おも》いの右手が陰になり、せっかくの右袖が手すりの上で生きないからだろう。ところが、このお駒や、後に出る「すしや」のお里とか「十種香」の八重垣姫は、上手から下手の男に向って訴えるやり方をする。いったん度胸をきめると女のほうが思いきりがよく、男をリードするというような感じを強調するための演出かとも思われる。

この城木屋お駒には実説があって、歌舞伎の『髪結新三《かみゆいしんざ》』でおなじみ白木屋お熊がそれである。お熊は、美貌を餌に持参金つきの聟を迎え殺そうとした罪で鈴ケ森で処刑されるが、その引廻しのときに黄八丈を着ていたという。そのために黄八丈はしばらく江戸では用いられなくなったとか。

お駒が刑場に引かれてくる「鈴ケ森の段」ではうしろ手にしばられているという特徴がある。このときの人形遣いの苦心談を簑助から聞いた。

簑助　文楽の女で、両手をうしろでくくられている役といえば、『金閣寺』の雪姫と『義

「エ、可愛い夫へ義理立てば、二親に嘆きをかけ、また親々へ従へば、いい交はした夫へ立たず、」

「鈴ケ森の段」

経千本桜』「鳥居前」の静御前、そして、このお駒です。この場合〝片手遣い〟という方法をとります。主遣いは胴串《どぐし》（注3）を支えているだけで右手は自分の腰に当てて構えているんです。左遣いもうしろ手にしばられているということで、おりません。ですからお駒がうしろ向きになるところでも、よほどうまくやらんことにはみっともない。これはかなりのプレッシャーですけど、むずかしいだけにやりがいもあるんです。その両手が使えないお駒であっても、処刑されようとする哀れさや、才三を思う心はあらわさなければなりませんのんで、なおさら両方の肩だけで色気や悲しさを出す苦労の連続です。くくられていて不自由な人形だけれども、いかにそれを人形遣いがうまく技巧で遣うか、人形遣いのひとつの見せどころなんです。

主遣いの右も、左遣いも、共に封じられる〝片手遣い〟は見ごたえがあり、文楽鑑賞の醍醐味ともいえる。それだけに足遣いは「鈴ケ森」でかなりのベテランを起用することが多く、かつて文五郎（注4）がお駒を遣うときは、文五郎がもっとも信頼した吉田玉五郎（紋司《もんし》時代）がつとめたのを思い出す。

■■■

恋娘昔八丈（こいむすめむかしはちじょう）

松貫四、吉田角丸合作。安永四年（一七七五）九月初演。江戸の材木商・城木屋の娘で腰元のお駒が恋人・才三郎ゆえに夫殺しをし、鈴ケ森で処刑される寸前、事の真相が判明し救われるというあざとい恋の顛末にお家騒動をからめた時代物。五段。

注1　**クドキ**

派手で変化に富んだ太夫の聞かせどころのことで、女方が嘆き悲しむ場面に用いられる。義太夫節以外の音曲の曲節を取り入れることもあり、その意味でサワリとも呼ばれる。

注2　**竹本筆太夫**（たけもと・ふでたゆう　?——一七八四）

義太夫節の太夫。その曲風に歌舞伎の影響がみられた。

注3　**胴串**

人形のかしらについていて、主遣いが人形の背中から左手を入れて人形を支える棒のこと。左の写真参照。

写真は胴串を握り、かしらを操っているところ。

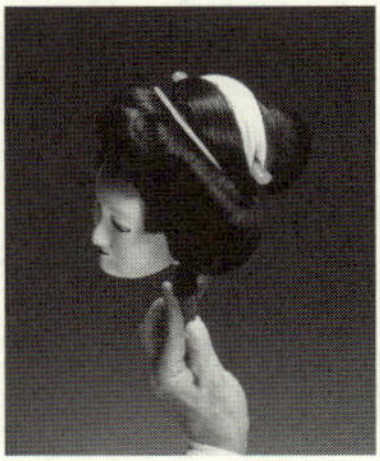

注4　**吉田文五郎**（よしだ・ぶんごろう　一八六九―一九六二）

本名河村巳之助。近代屈指の女方人形遣いの名手。明治四十二年、文五郎襲名。可憐で、官能的で、派手な芸風は、故初世吉田栄三の渋い頭脳的な芸風と対照的であった。昭和二十二年、文楽初の天覧の栄に浴し、「重の井子別れ」を演ずる。昭和二十九年、芸術院会員。三十年、人間国宝。三十一年、難波掾《なにわのじょう》を受領。簑助の師匠でもあり、簑助（巳之助）は、文五郎の最初の名前。吉田文五郎著『文五郎芸談』、梁雅子著『文五郎一代』（朝日新聞社）参照。

静御前とお里

【義経千本桜】

——鮓を買いにくるツメ人形、これらが主役を生かしてくれた。
〝ツメ人形にも涙あり〟をたいせつな言葉にしています（簑助）

平成四年二月十一日の建国記念の日と、二十二日土曜日、NHK衛星放送（BS）にとんでもない番組が登場した。

歌舞伎の『義経千本桜《よしつねせんぼんざくら》』と文楽の『義経千本桜』を、比較しつつ朝から晩まで一日中ぶっ通しで放送しようという企画である。

『義経千本桜』は、『菅原伝授手習鑑《すがわらでんじゅてならいかがみ》』や『仮名手本忠臣蔵』とならんで三大名作といわれ、上演回数の多いおなじみの作品だが、そうだからといって、一日中放送するというのは、いくらなんでもやりすぎではないかと、二の足を踏む向きがないでもなかった。しかし、とにかく、このBSスペシャル〝朝から晩まで千本桜〟という企画は着々と進行した。

私は大阪勤務の頃を思い出していた。大阪放送局へつとめるのに、五年間も奈良市（学園前）の住いから通ったのだった。そして、日曜日や休日のたびごとに、おむすびを持って奈良の寺社や名所旧跡をたずね歩いた。吉野山もそのひとつである。

吉野山は、言わずと知れた桜の名所だが、桜が満開のときは〝千本の桜〟より〝千人の人出〟を見に行くようなものだった。たしかに吉野山の桜はみごとだったが、蔵王堂、吉《よし》水《みず》神社、花矢倉、如意輪寺といった歴史のふるさとにしみじみと感じ入る心のゆとりが得られないのだった。そこで私は、人気《ひとけ》のほとんどない二月と八月の吉野山へも行ってみた。冬枯れてはいても二月の吉野山は、ピリッと引き締った寒気のなかから、惻々《そくそく》と往時の悲話を語りかけてくるような風情があったし、真夏の吉野山は、耳をつんざくばかりの蟬しぐれが、かつての南北朝の激しい戦いの雄叫《おたけ》びを再現してくれているような趣きがあった。

〈そうだ、桜の季節でなくても、あの二月の吉野山から千本桜の放送ができたらすばら

しいな〉

企画会議で瞬間的にひらめいたのは、そのことだった。

『義経千本桜』には三つの大きなヤマ場がある。平知盛《とももり》が義経に復讐しようと企てる二段目の「渡海屋《とかいや》」、吉野の里の鮓屋《すしや》の息子いがみの権太が自分の女房子供を犠牲にして主君を救い死んでいく三段目の「すしや」、佐藤忠信《ただのぶ》・じつは狐忠信と静御前《しずかごぜん》の持つ初音の鼓の因縁話四段目の「川連館《かわつらやかた》」、この三つである。

それぞれの物語を、ゆかりの地に立って解説し、エピソードを生放送で織りまぜながら、『義経千本桜』という大長編を二日間かけていっきに見せるのだ。中継の舞台は、京都、須磨海岸、吉野山ときまった。そして、たのもしい助ッ人として吉田簑助が、狐と静御前とお里《さと》の人形と共に出演してくれることになった。

「源九郎義経の義《よし》と、いふ字を訓《よみ》と音《こえ》、源九郎義経《ぎつね》付き添ひし、大和言葉の物語、その名は、高く、聞こえける」というのは、千本桜四段目の段切《だんぎれ》の文句である。作者の竹田出雲（注1）は、これがおもしろくてこの名作を書きたくなったのかと思いたくなるほど、〝義経〟は〝ぎつね〟なのだ。

番組の冒頭、京都伏見稲荷大社楼門の左右にある狐の石像の陰から登場したのは、簑助が遣うところの白狐で、「山川さん、山川さん」と、声をかける。小道具とはいえ、この文楽の源九郎狐は実に精巧にできている。

狐の遣い方は、首をさげること、かしらをすばやく左右に動かして狐らしい用心深さを出すこと、尻尾をけっしてあげないこと、この三つだと簑助が解説してくれた。そうしないと、犬と見分けがつかないらしい。こんなときにもサービス精神旺盛な簑助は、私の首に狐を巻きつけ襟巻に見立てるおかしみも忘れなかった。

京都から舞台が須磨海岸に移る。静御前は伏見稲荷の鳥居前で、義経一行といったん別れるが、なおもあとを慕って壇の浦から吉野山へと義経を追いつづけるのである。それを守護するのが狐忠信なのだ。

静御前というと、あのしとやかな「しずのおだまき」の舞で象徴されるように、白拍子とはいいながらどことなく大和撫子の代表のように思われるが、文楽「道行初音旅《みちゆきはつねのたび》」の静御前は絢爛たる衣裳で忠信と連れ舞をし動きつづける活発さが特徴である。

簑助　道行での静御前は、一瞬、すべてを忘れて華やかに楽しくやるというのが私の心構えです。だから、人によっては「あの静、品が悪いな」とおっしゃるでしょうけれども、忠信の出の前に万歳に浮かれるくだりもあったりしますのんで、元は白拍子という古風な遊女やというつもりで遣うことも、ある程度は許されると思うんです。歌舞伎ですと、忠信の物語のところは静はじっとしてますけれど、文楽では静も打掛の双袖《もろそで》をぬいで連れ舞のようになり、女方の舞台としては、たいへん気持ちの晴れ晴れとした役ですね。結局、踊ったり、合戦したり、絶えず宙に浮いておるわけですから静は重いんです。この頃だんだん歳いってきましたが、かえって重さを感じなくなりました。これも舞台の経験が生きて、こう持ったほうが重たくない、こう持ったほうが遣いやすいと、ひとつひとつ積み重ねて出てくるんだろうと思います。左遣いや足遣いの修業のときの、主《おも》遣いの遣い方を〝盗んで、盗んで、盗みぬく〟という気構えが、あとで役に立つんでしょう。

簑助の人形は、いつも派手ではあっても抑制がきいている。だから嫌味がない。

文楽の「道行初音旅」の舞台は、幕があくと、派手な連れ三味線の前弾きの間、紅白の

芦原峠こうの里、土田六田も遠からぬ、野地の、春風吹きはらひ雲と、見まがふ三吉野のふもとの、里にぞ

「道行初音旅」

幕でふさいでおいて、その幕を落すと静がひとり立っているという演出である。「見渡せば、四方《よも》の梢もほころびて」で左手に笠、右手に杖を持ち、ゆったりと前うしろの姿を見せるあたりの静御前の品位があればこそ、忠信との物語での動きや、「真逆様《まつさかさま》」で扇を宙に投げて忠信に受けとめさせる派手な静とのバランスがとれるのだろう。文楽では静が忠信と錣引《しころびき》までやってみせるのである。

簑助にはこんな思い出もある。

簑助　私たちの子供の時分、鼻筋の通っていない子供をからかって「あんたの鼻、文楽の花道《はなみち》やな」とよう言うたもんです。つまり文楽には花道がなかったんです。それが時の流れによって朝日座から花道をつけて、弁慶とか小鍛冶《こかじ》の引っ込みに使うようにはなっていますが、本当はおかしいわけですね。兄弟子の勘十郎（注2）は忠信役が好きで、狐六方《きつねろつぽう》で花道をいっぺん引っ込んでみたいとよう言うてました。それで、亡くなった勘十郎追善公演の国立劇場で、私が静をやり勘十郎の息子簑太郎（現勘十郎）が父親ゆずりの忠信をやることになったとき、兄さんの長年の思いを叶えてあげたいと、はじめて花道をつけて

桐竹勘十郎追善公演ではじめて花道をつけた。
忠信は勘十郎の息・吉田簑太郎（現勘十郎）。

もらって簑太郎が狐六方で引っ込んだんです。お客さんにも、勘十郎兄さんにもきっと喜んでもらえたと思います。

そういえば、勘十郎は簑助に、芸よりもなによりもまず酒を教えてくれた先輩であり、無類のよき芸兄弟であった。

さて、BSスペシャル『義経千本桜』のお里については、舞台を吉野下市《しもいち》に移して、この地に古くから伝わる「釣瓶鮓《つるべずし》」での放送となった。

私が「釣瓶鮓」の玄関に立つと、簑助の遣うお里が迎えてくれるという設定で、「ようこそ」と、あねさん被りのお里にいざなわれて二階座敷にあがると、展望がひらけ裏山が見えた。このあたりには千本桜ゆかりの人物の墓や塚がいろいろあり、ひときわ立派な石塔の維盛《これもり》塚から少し離れた足下に、ひっそりとお里の黒髪塚が残っている。「雲井に近き御方へ鮓屋の娘が惚れられうか」という名文句を地でいったような配置である。

歌舞伎のお里は、恋いこがれる弥助がまさか平家の公達《きんだち》維盛とは知らず、大胆にも「わたしゃもう寝るぞえ、寝るぞえ。あれ見やしゃんせ、お月さまも寝やしゃんした」と、さいそするくだりがある。文楽は「コレイナア〳〵、ヲ、しんき、なに初心な案じてぞ」と、物思いにふける維盛の気を引く程度にとどめてはいるが、お里の人形は、上手の一間《ひとま》に床をのべ、歌舞伎のように蒲団を屛風でかくすことなく、そのまま前掛けをはずし、弥助をちらっと見てから、床の二つの枕の距離が離れすぎているのに気付き、少し寄せ、また弥助を見てから、もうちょっと寄せ、だんだん間をつめていって男女の枕がくっつくほどにし、「おお恥かし」という気持ちで顔をおおうしぐさが色っぽい。昔は、お里が床をのべたあと、ふところから懐紙を出して敷蒲団の下に忍ばせるという型をやった人形遣いもいたらしい。

このくだりの義太夫は「二世も三世も固めの枕、二つ並べた、こちゃ寝よ」という程度で、それ相応のやり方が考えられるが、簑助のお里でもっとも色っぽいと思われるのは、その直前の、「お里は立ち寄り、コレイナア〳〵」で弥助にぴたりと身をすり寄せるかたちである。このとき、簑助のお里は、顔より先に胸を、下手側の弥助の体に突きつけるように持っていき、あとから顔をしゃくりあげるようにアゴを突き出して甘えるしぐさをしてから、その首をゆっくり上手にひねり身体をあずけるのである。このお里の色気は、簑助に、

「ひとまづこゝを」と無理矢やりに（略）御運のほどぞ

「すしやの段」

こまやかな神経と腕の冴えあればこそと、感心させられる。

若葉内侍《わかばのないし》が入ってきて維盛との再会を果たすのを蒲団のなかで聞き、弥助の正体が維盛卿であったと知ったお里は、蒲団の上に起きあがり、「ワッとばかりに」で自分の枕につっ伏して身体をふるわせてから、いよいよクドキとなる。

「過ぎつる春の頃」で両手を翼《つばさ》のようにひろげて簑助のお里はまず遠くを見るようなかたちをとる。弥助との日々の想い出の数々が目に浮ぶのか、それとも、あまりのショックに放心状態なのか、いずれにしても、このかたちが哀れを誘うことはたしかだ。

「父も聞こえず母様も、夢にも知らして下さったら」は、正面の暖簾を分けて、「なぜ真実を最初から話してくれなかったの、ひどいわ〳〵」という恨みのかたちだが、ここも美しい。昔は、土地によって客人のもてなしに娘を提供する風習があったと聞くが、少なくとも父親の弥左衛門が、恩《おん》ある維盛と知りつつ娘のお里との仲を見て見ぬふりしていたとすれば、お里はいっそう哀れだ。

「雲井に近き御方へ鮓屋の娘が惚れられうか」で、クドキは頂点に達するが、文楽では手拭一本を口にくわえ、いったん両手で左右にひろげてから、その手拭を棒状にたらし、口唇をキッと噛んで口惜しさ悲しさに耐える表現をする。

クドキの総仕上げは「情ないお情にあづかりました」である。これぞお里が精一杯の維盛に対する恨み言である。「身分は高く、妻も子もあるあなたが、田舎娘によくもいつわりの情けをかけてくれましたね、礼を言いますよ、礼を！」と、お里は維盛に近づいて維盛の右膝を右手でギュッとツネるのが簑助の型だ。

文楽のお里の衣裳は短冊絣《たんざくがすり》で、田舎娘のヤボったさがあっておもしろい。お里はたしかに田舎娘にはちがいないが、三段目「すしや」の最初の文句に、

「春は来ねども花咲かす、娘が漬けた鮓ならば、なれがよかろと買ひにくる、風味もよし野、下市に売り広めたる所の名物釣瓶鮓」

とあるように、この店の看板娘であり、そのお里目当ての客で鮓がよく売れていたという設定だから、よほど色気もあり人気者だったのだろう。維盛が公達で、若葉内侍という妻がいることを知ったお里が、恐れ多いを通りこしてツネったりするのは、たとえ田舎娘であっても、人気娘のプライドが許さなかったのだと私は思いたい。だからこの型はおおいに気に入っている。

こんなところでも男はいささか分が悪い。弥助つまり維盛という男、田舎娘のお里と契りながら、いざ奥方や子供の前に出ると「たとえ一夜は共にしても、心はちっとも移っていない」などと言いわけをするのだからずるい。これではお里だってツネリたくなるはずである。

簑助は、かつて十四世守田勘弥《もりたかんや》（注3）の弥助が花道から「鮓屋」の門口に来かかる姿を見て、惚れ惚れしたという。伊予染《いよぞめ》のうつる役者といっても、そうザラにいるものではなく、弥助の役が回ってきたときは、いつも、あの喜の字屋（勘弥）のような色気を出したいと思っているとのこと。

釣瓶鮓での仕事のなかで、簑助と私は、この店の名物鮎鮓のつくり方を見学させてもらった。

ここの馴《な》れ鮓は、檜の桶の中へ、吉野川の鮎と酢飯《めし》を交互につめ、上から強力な圧力をかけて中の空気を抜き真空状態にする。そのためには、三尋《みひろ》の長さの藤づるで桶のタガを締める必要があるのだが、今では釣瓶鮓の桶をつくる職人は高齢化し後継者もなく、肝腎の藤づるが手に入らなくなってしまい、伝統の技法も変えざるを得ないと、四十九代店主の宇田暁弘《うだあきひろ》さんは肩を落していた。
古いものを守りつづける場合、いつもこうした問題が起り、気がついたときは対策がおくれていることが多い。簑助は、「うちらのとこでも同じことです」と前置きして、こんな話も聞かせてくれた。

簑助 私たちが人形を遣う場合、主遣いは高さ二十センチくらいの下駄を履きますよね。その下駄の下についているのが草鞋《わらじ》なんです。ですから二足の草鞋を履いているんです。昔は、お百姓さんが昼間は田圃で働いて、夜は夜なべ仕事で草鞋こしらえてたんですが、今ではそんなことしません。だから草鞋がなくて苦労するんです。阿波の大江巳之助さん（93頁参照）にたのんで、草鞋つくってる人を探してもらうんです。だんだんそうして古いものが消えていってしまうのは、ほんまに困ります。もっとも、昔は自転車のチューブを下駄に履かしたことがありました。しかしゴムは滑らない。ある程度滑りがあって音のしないようなもの……やっぱりいちばんいいのは草鞋ですよ。

■■■

義経千本桜（よしつねせんぼんざくら）

竹田出雲、三好松洛、並木千柳合作。延享四年（一七四七）十一月初演。壇の浦後の義経と平家一門の後日談を題材とする時代物。五段。兄・頼朝に追われる義経と、実は平知盛、維盛、教経は生きていたという大胆な登場人物設定で、それら武将にからむ人々の運命を大きなスケールで描く。

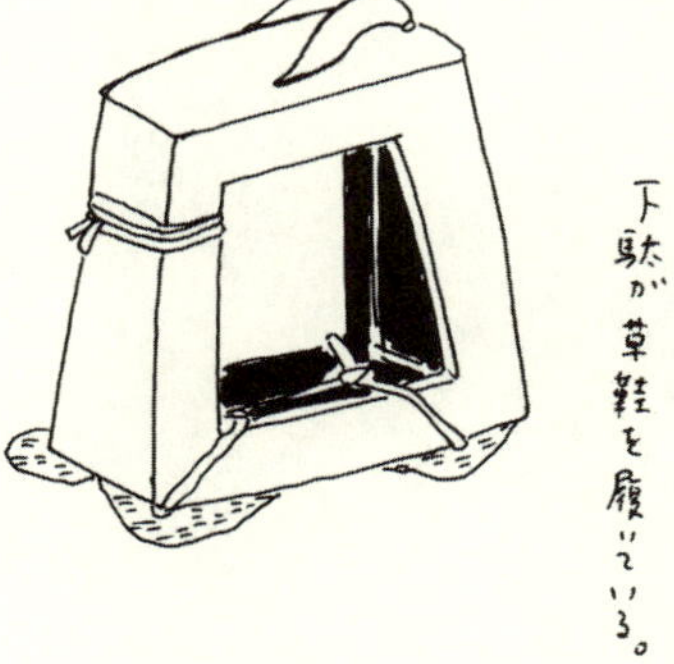

イラスト　山川静夫

注1　**竹田出雲**（たけだ・いずも　一六九一―一七五六）
浄瑠璃作者。並木千柳、三好松洛との合作で『義経千本桜』『仮名手本忠臣蔵』『菅原伝授手習鑑』の三大傑作を生み出した。

注2　**二世桐竹勘十郎**（きりたけ・かんじゅうろう　一九二〇―八六）
人形遣い。二世桐竹紋十郎の門弟で、吉田簑助の兄弟子にあたる。堂々たる体躯を利した力強い荒物をはじめ、『忠臣蔵』に例をとれば初世吉田玉男が由良之助、一方、勘十郎は「七段目」の平右衛門といった役どころで活躍した。また、深く味わいのある芸風で実直な老人役も得意とした。チャリがしらも抜群だった。長女が女優の三林京子、長男が現勘十郎（三世）。

注3　**十四世守田勘弥**（もりた・かんや　一九〇七―七五）
歌舞伎俳優。恵まれた容姿を生かして二枚目役を本領とした。喜の字屋は守田家の屋号。

お園

【艶容女舞衣】「酒屋」

――お通、半七、三勝などと、役を、重ねて重ねてきて、それでやっとお園にたどり着くんです（簑助）

お園《その》と三勝《さんかつ》――「酒屋《さかや》」で対立する二人の女性は、『心中天網島《しんじゅうてんのあみじま》』のおさんと小春のケースと似てはいるが、いささか状況が異なる。

お園もおさんも同じ商家の女房とはいえ、性格も少々ちがうようだ。おさんよりお園のほうがせっぱつまっているし、おさんよりさらにひかえめな女である。お園は、夫の半七の苦悩の責任のすべては自分にあると考えていて、女房としてのプライドや嫉妬心はかかなぐり捨て、みじんも恨みつらみを言わない。夫半七が恋している三勝という遊女と夫との間には、お通という子供まであり、しかもその半七はあやまって悪人の善右衛門を殺してしまい、追われる身なのである。

お園の父親宗岸《そうがん》は、こんな半七のような男のところへ娘を嫁《とつ》がせたのを悔み、これ以上我慢させておけないと、いったんは実家に連れもどすが、そこで考え直す。

「三勝とやらに心奪はれ、夜泊り日泊りして女房を嫌う半七。所詮《しょせん》末のつまらぬことと無理に引立て去《い》んだのは、娘にひけを取らすまいためおれが気迷ひ。それから思案するにつけ、唐《から》も倭《やまと》も一旦嫁にやった娘。嫌はれうがどうせうが、男の方から追出すまで、取戻すといふ理屈はない筈、コリャ宗岸が一生の仕損《しぞこな》ひ……」

と、舅《しゅうと》の半兵衛に謝り、もう一度、娘のお園を置いてほしいとたのむのである。この宗岸の自己犠牲的感覚が、封建時代の常識だった。〝義理〟である。

一方、半兵衛は〝人情〟をわきまえている。人殺しの息子であってみれば、当然のことながら嫁にも難儀がかかる、ここはお園が去ったほうが幸せ、と内心考えて、宗岸のたのみをはねつける。そして、自分は率先して縄にかかり息子の身替りになろうとする。この二人の父親のやりとりは、まさに義理と人情の対決であり、「酒屋」の眼目である。お園は、自分の目の前で言い争う父と舅の義理・人情の板ばさみになり、余計に悲しむのだ。

結局は、三勝が死を決意し、それを察した半七が心中しようと書置きする。そのなかで半七は自分の非道を謝罪し、

「女はその家に在《あ》って、定まる夫一人を頼みに思ふ者に候ところ、その頼みに思ふ我等が身持、いつしか愛想らしい詞《ことば》もかけず、つひに一度の添《そ》ひ臥《ぶ》しもなく候へども、その色目もいたさずして、夫大事、親たち大事と、辛抱に辛抱なされ候段、山々嬉しく存じまゐらせ候」

と書いている。いかにお園が辛抱していたかと、思うだに哀れだ。夫婦でありながら、一度も一緒に寝たことはなく、やさしい言葉ひとつかけてもらえなかったのだ。しかも、この書置きのなかで、半七は、「たとえ三勝と一緒に死んでも、未来はおまえと夫婦だ」などと書いていて、お園を喜ばせるが、これでは一緒に死んでいく三勝がやりきれない。

御都合主義の〝男の勝手〟が、『天網島』の治兵衛同様、ここでも顔を出す。「女はその

「コリャ娘、未来は夫婦と書いてあるかい」「アイナァ、未来は夫婦と書いてござんす」

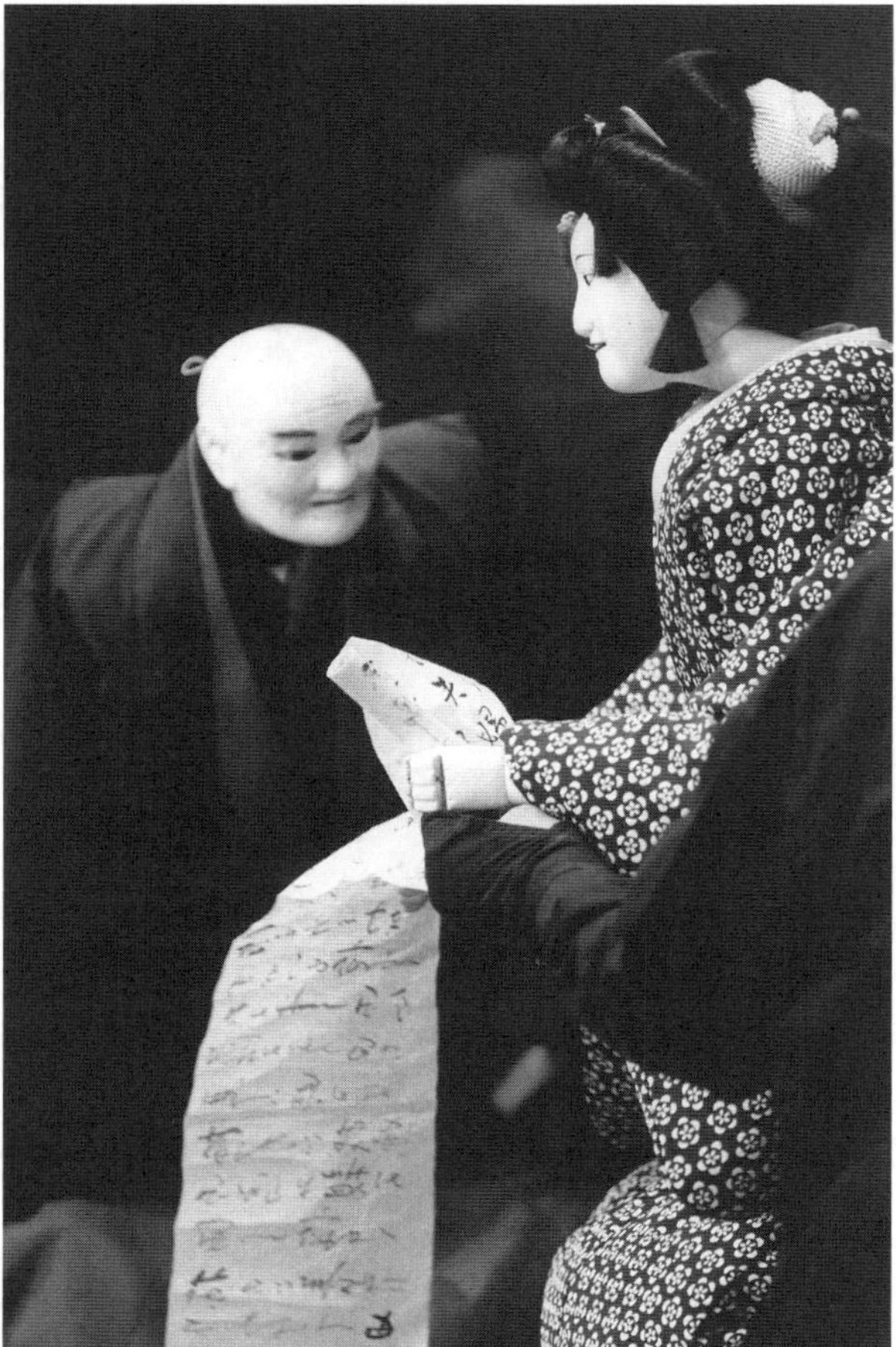

「酒屋の段」

家に在って、定まる夫一人を頼み」と、ちゃんとわかっていながら半七が三勝に走るあたり、今も昔も変らぬ男女の仲だ。

悲しいお園の気持ちを聞いてやっていただきたい。有名なお園のクドキの浄瑠璃である。

「跡《あと》には園が憂き思ひ。かゝれとてしも烏羽玉《うばたま》の、世の味気なさ身一つに、結ぼれ解けぬ片糸の繰返したる独り言。今頃は半七様どこにどうしてござらうぞ。今更返らぬことながら、私といふ者ないならば、舅御様もお通に免じ、子までなしたる三勝殿を、とくにも呼び入れさしゃんしたら、半七様の身持も直り御勘当もあるまいに、思へば〳〵この園が、去年の秋の煩《わずら》ひに、いっそ死んでしまふたら、かうした難儀は出来まいもの。お気に入らぬと知りながら、未練な私が輪廻《りんね》ゆゑ、添ひ臥しは叶はずともお傍《そば》にゐたいと辛抱して、これまでゐたのがお身の仇。今の思ひにくらぶれば、一年前にこの園が死ぬる心がエ、マつかなんだ。堪《こら》へてたべ半七様、私ゃこのやうに思ふてゐると恨みつらみは露ほども、夫を思ふ真実心なほいや増《ま》さる憂き思ひ」

簑助と「酒屋」とのかかわりは、昭和二十年八月に、お通役で出演し、はじめてチラシに明記された思い出の初役だというが、このクドキを踏まえて、簑助と話し合ってみた。

夫を思ふ真実心なほいや増さる憂き思ひ

「酒屋の段」

味気なさ身一つに、
結ぼれ解けぬ方糸の

とくにも呼び入れさしゃんしたら、
半七様の身持ちも直り

これまでゐたのがお身の仇。

一年前にこの園が死ぬる心が
エ、マつかなんだ。

お園と人形遣い

対談
吉田簑助
山川静夫

時代の流れとともに

簑助 お園は、人形遣いの心得とか覚えをうんぬんする前に、まず、髪・形（かみ・かたち）のことですね、お園は人妻やのに娘時分の髪型の鴛鴦《おしどり》をしている。黒襟も、黒繻子《くろじゅす》の襟もかけていない、文楽の人形遣いの、お園に対しての思いの型として、現在もこうして残っているという点をたいせつに思っています。

山川　いわば、処女のお園、好きですよね。

簑助　好きですね。ええ、ええ、ええ、ええ。

山川　どうして？

簑助　ええ、どうしてっていうのんか。とにかく、これ、よくできてるんですわ。それと、この頃私、フッと思いますのはね、ひと昔前の豊竹山城少掾《とよたけやましろのしょうじょう》（二世古靱太夫《こうつぼたゆう》・注1）時代、吉田文五郎《ぶんごろう》師匠あたりの名人でも「お客はもう、息つめて見てへんねん、サワリを楽しみにきてるのやさかいに、そんなもう、半兵衛と宗岸とがもの言うてるときに、お園、気い遣わんでもいいねん」というような考えだったんですよ。ところが、今の時代はそうやないと思うんです、私は。半兵衛と宗岸が娘のことを思って、おたがいに意見を交換してくれてるのやから、お園はやっぱり、じーっと息をつめていなくちゃあいけない。そういう点も、時代の流れによって変ってきたんじゃないかと、こう思うんです。一方、サワリそのものは、私はそんなに派手にはやっていないんです。というのは、

昔の文五郎師匠、桐竹紋十郎《もんじゅうろう》師匠というのは、うしろぶりのときには、〝ハッ〟て言えたんです。この頃は〝ハッ〟と言えないんですわ、これ。それはやっぱり太夫さんの盛りあげ方とでもいうのか。

竹本土佐太夫《とさたゆう》さんとかは、あの時分、「オミノアーダー」と言うから、人形遣いも〝ハッ〟と言ったけれど、今は「お身の仇」と太夫さんがおとなしいでしょう。だから、太夫如何によっては人形というものも、そういうふうに、変ってくるんじゃないかと。

山川　ああ、なるほどねえ。それに共通した話で、明治まで大時代にやってきた歌舞伎を、六世尾上菊五郎《おのえきくごろう》っていう人が出てきて、リアルに、リアルに演りましたね。文楽のほうですと、山城少掾、竹本綱太夫《つなたゆう》、竹本越路太夫《こしじだゆう》あたりがリアルでしたね。しかし、それまでの大時代の人たちが、今までまるで悪いことをしてきたようなというか、まちがってたような、そんな錯覚を一部の人は持ちましたね。だけど僕は、いろんなやり方があっていいと思うんですよ。

簑助　ええ、ええ。

山川　だから、サラッとやる一派があって、またそれとはちがう、豊竹若太夫《わかたゆう》や土佐太夫、竹本津太夫《つだゆう》がいたということが、僕らはひと昔前の文楽見てたときに、おもしろかったですよ。古い荒唐無稽なものも残しておきたいし、あ、それはこういうふうに改めてもいいな、とも思うんですね。

簑助　そしてその昔は、仮に人形を見なくてもね、太夫さんを耳から聞いてるだけでも、いろいろなカラーの太夫さんが次から次へと出たわけですよ。いい声の人がいたなと思ったら、次にはドラ声の人もいる。それが、時代ですかね、だんだん個性や変化がなくなってきたから、お客さんも耳が退屈するんじゃないかと思うんです。太夫さんには悪いけれど、耳が退屈する。変化がない。

山川　僕なんかね、あんまりリアル、リアルっていうとね、ひとつの歌がのっぺらぼうになるみたいに感じます。たとえば美空ひばりの「川の流れのように」とします。最初は、「知らず知らず歩いてきた」と淡々といくでしょ。しかし、「アーアー、川の流れのように」っていうところから、いわゆるサビになる。まあ歌謡曲に当てはめられるなら、あのサビが文楽のクドキかな。そこに文楽と歌謡曲の共通点がありますよね。サビは、やっぱり派手にやってもらいたい、というような思いもあります。〝ハッ〟とあなたがね、うしろぶりになれる、それだけのエネルギーみたいなものがほしいような気もするんです。クドキではね。だから、これはいろいろあっていいんじゃないかなと。みんながみんな〝ハッ〟でもおもしろくないしね。みんながサラサラじゃ、困るしねえ。だから、「今頃は半七様」「三つ違いの兄様と」「そりゃ聞えませぬ伝兵衛様」、この三つは〝三大クドキ〟っていうか、昔の義太夫ファンにとっては大ヒット曲のサビなんです。

簑助　そうそうそうそう。

お園への道のり

山川　簑助さんをはじめ人形遣いの方は、それはやっぱり一にも二にも、太夫の語り口に引きずられるというか、合せていくものですか。

簑助　そうですね。ありますね。太夫さんから離れた別の演技っていうのはできませんね。歌舞伎とちがうっていうのは、太夫さんの語り口によって動きがちがうのと、人形遣いによっても、なり・形《かたち》がずいぶんちがう。昔、文五郎師匠に体力があった頃には、一段舟底へ降りて、門口をあけて、表を見ながら「今頃は半七様」と言った、ああいう派手な型があったけれども、今はもう、行燈《あんどん》吹き吹き、あっさりと「今頃は半七様」になってしまっている。

それで私の場合でいえば、サワリ終《じま》いにですね、「私ゃこのように思うている」というところがあるんですよ。そのときには今までの人形遣いさんというのは、すぐに元の座にもどったんですけれども、私は玄関口の柱に、こう、両手をこう押えてね、「このように思うてんのやから。このように思うてんのやから」というふうになってしまったというのんか、お園、何遍も何遍も遣わせてもらってるうちに、お園はこんな気持ちやったんやな、というふうに思われて、今、そういうふうに私個人はしているんです。

山川　そこんとこの文句がね、「私ゃこのように思うている」と。「恨みつらみは露ほども」。

恨みつらみは露ほどもないいんですか。

簑助　ない（笑）。
山川　そんな女っている？
簑助　ねえ（笑）。
山川　ねえ。これはやっぱり文楽の女としては、たいへん問題の女性ですね。
簑助　私、この頃、地方で二時間ぐらいの講演をするときに、まずはじめに喋らないでね、挨拶もなにもしないで、先、「酒屋」見せるんです。
山川　まず見てくださいって。
簑助　お園を。それで、見てもらってから、「みなさん、今見ていただいた、この酒屋のお園、ご理解できますか。ちょっと失礼ながら、今の世に、めずらしい女性でんなあ」と言うたら、ワーッて笑いがくる。笑いのとこからね、まあ話を進めていくんです。
山川　たしかに、平和にはちがいない。こういう人がいっぱいいてくれればね。男も安心して浮気できるわ（笑）。そのへんは遣う人はどう思っているのか、それがおもしろいところですよね。
簑助　願望ですな。

山川　乱暴？

簑助　いいや、その、こういう女房でいてほしいという。

山川　うん。ああ願望ね。乱暴な願望ですね（笑）。「恨みつらみは露ほども」ですか。まあね、うん、封建時代だから、時代がこういう心根を女の美徳としたのかしらね。

簑助　でも山川さん、義太夫狂言の数あるなかでは、この「酒屋」って、そんなに古い作品ではないんですね。

山川　そうですね。できたのが安永元年ということは、一七七二年。ということは、まあそんなに古くない。

ところで、このお園の衣裳はいったい誰が考案したのでしょうね？

簑助　これも人形遣いの知恵なんでしょうねえ。ただね、文五郎師匠が昔お遣いになったときには、今とはちがっていました。まだ私が子供の人形遣いの時分でしたが、記憶にあります。着物の柄《がら》が笹リンドウで、髪に先笄《さっこうがい》、黒繻子もかけている写真が残っています。

山川　ああそうですか。今の扮装《こしらえ》とはだいぶちがいますね。

扮装では、歌舞伎の女形などは、衣裳を選ぶのに、かなり自分のセンスっていうものが問われますよね。簑助さんはどんなふうに？　師匠がやってらしたのを踏襲するというかたちですか。

簑助　文楽というのは、きまりがあって無いような世界で、新作以外は演出家もおりません。だから昔の人形遣いがアレコレと考えて、考えて、それで現在の姿におさまった、お園の衣裳・姿もそういうことです。私、つくづく好《よ》うできていると思います。この先もちょっと変えようがないと。

それに、そんなに、自由には変えられなかった。物がなかったから。座元が、お金持ちじゃなかったから。だから、歌舞伎の場合には、雪姫なんかピンクを着ますよね。文楽は、なんでも、お姫様は赤なんですよ。お客さんも、そんなに注文をつけなかったですよ。この頃ちょっと、国立文楽劇場ができてから豊かになったというのか、衣裳のことをそれ専門になる人が演出部にいるので、贅沢になってきましたけどね。人形の世界というのは、もっと理屈ぬきで、どうのこうのということは考えなかったであろうと。専門の髪結《かみゆ》いさんもいない時分には、人形を遣いながら片手間で鬘《かつら》も結っていたという時代ですから。

山川　今まで、ご自身のお園以外の、先輩や同僚のお園をいろいろ見ていると思うけれども、あ、ここはおもしろいなとか、思い出とか、お園のクドキでなにか記憶に残っていますか。

簑助　私たちというのは、まずはじめはお園の足遣いからはじまるわけです。足のときというのは、あまり考えませんが、左遣いになると、あ、僕もお園遣えるようになったらこうしたい、これはこうやるべきだとじっくり主《おも》遣いを観察します。師匠や先輩方のを拝見すると、たとえば「今頃は半七様、どこにどうして〜」で、門口まで行って戸をあける人や、行燈の火を吹き吹きして、ふと半七を思い出す風情をリアルに出す人などいろいろでした。同じように半七を思って土間から下りるところでも、先の文五郎師匠は、段から下りて二、三歩歩き、それからおこついてボテチンと腰をつく型でした。紋十郎師匠もはじめはそうしておられたのが、いつの頃からか、半七の面影を追って、思わず足を踏み外してボテチンと、こうリアルなやり方をしたんです。現在はこっちを受け継いでいます。

私も自分の工夫として「私ゃこのように思うている」で、玄関口の柱に両手を置いて顔を押し当てて苦しい心を抑えているという思いを出しています。そのほうが義太夫の間《ま》にもはまって、心情に添うようです。

山川　私ゃこのように思うている（笑）。

それから、因会《ちなみ》（注2）と三和会《みつわ》が分れている頃に、同じお園を見せるやり方でも、やっぱり三和会の側の紋十郎さんなどのほうが、因会の人形よりは、はるかに派手に見せよう、派手に見せようとした、という傾向はありますか。

簑助　私なんか、いちばん印象に残っているのは、かつての土佐太夫師匠が語るときに遣っていた紋十郎師匠っていうのは、本当に楽しそうだったですね。そのほかの太夫さんの場合っていうのは、この太夫さんだったらこうかなっていうような感じで、あとは土佐さんだったらこう語ってくれるなっていうような、そんな気持ちで遣ったんでしょうね。

山川　これぞクドキというところは、三位一体、つまり太夫・三味線・人形遣いっていう三業のそれぞれの、ひとつピタッと合ったものを、僕らは見せてもらいたいな。もちろんクドキだけとってしまっては短絡しすぎですが、やっぱり、ここは楽しませてもらいたいと思うところは、太夫の美声も聞きたい、三味線のいい音色も聞きたい、それにぴったり合った人形が、やっぱり多少は派手でもいいんじゃないかなと思ったりします。

簑助　歌舞伎っていうのはおそらく、お通を演った人はお園を演らないと思うんです。文楽の場合っていうのは酒屋のお園を遣うといっても、それを遣うまでには、酒屋の半兵衛の足を遣ったり、お婆さんの足を遣ったり、はじめて役がつくのがお通であったり、丁稚《でっち》であったり、それで、いい役がきた、というのが半七であり、三勝であり、重ねて重ねてきて、それでやっと主役のお園にたどり着くわけです。もちろんその前にお園の足も遣ってるし、左も遣っている。その役に合ってくる太夫さんと三味線はその都度その都度ちがうわけですよ。だから「酒屋」というものには変りはないけれども、酒屋の半兵衛にしろ、宗岸にしろその都度性根が変ってくる。そういうわけで、お園の左を遣っているとき、僕がお園の本役がきたときにはこうして遣うんだ、と思っていても、時代が変っている、また太夫さんも変ってくるというような。

山川　簑助さんが、最終目標をお園に置くのは当然ですが、たとえば宗岸から見たお園、半兵衛から見たお園、半七から見たお園と、順番にプロセスを経てお園へいく場合、お園はいろいろに変化するものですか。

簑助　半兵衛の足を遣っていたときとか、お婆さんの足を遣っていたときは、まだ子供でしたが、お園は、なんていい役であろうと、あこがれですね。ですから文楽の女方を代表する、世話物を代表する女方というのが酒屋のお園だと、子供の時分から頭にありました。

お園という女

山川　そうすると、お園は、文楽の女のなかであこがれの女みたいになってくるわけだ。

簑助　義太夫の世界では、世話狂言を代表する女です。それはね、お園についての振りです。これには人形遣いが本当によく練りに練った振りが各所各所についているわけです。ですから、文楽の女方を代表するのはまず酒屋のお園というふうに、いきおいきめつけられているわけです。

また、それだけよくできているお園。このお園を遣うときの心情というのは、今まではサワリの部分だけを一生懸命やればいいんだと思っていたのが、そうじゃないんだと。最初に宗岸が娘のお園を連れて出てくるときの文句、「鐘に散り行く花よりも、あたら盛りを独寝《ひとりね》の、お園を連れて、父親《てておや》が」と書いている作者も、あたら盛りを独寝のお園をよっぽどいじらしい気持ちで書いたんだろう、というようなことまで思ってきますね。

そうしてくると、お園を連れてくる宗岸自身も、夫がいないところへかわいい娘をまた連れてくるわけです。その心情の、そぼそぼとした夕暮れに歩いてくる姿を使う宗岸のうしろからお園がついて行くんですが、宗岸を遣う人によって、また、〝お父さんに申しわけないな〟と思えるお父さんと、〝なんかいやなお父さんやな〟というのと、まあ、ありますよね。

お園というのは、本当に義太夫の世界ではよくできている。歌舞伎では羽織をたたんだりするんでしょうけれども、文楽では、お園の性格とはちがうような振りが各所各所についていますよね。

山川　その突飛とも見える文楽の振りは、お園の感情の極まりのかたちで、芝居から離れて、美しいスポットライトのなかに、ただひとりお園という女がいるんです。
ところで、このお園という女性は、女房として非常にひかえめですよね。ひかえめすぎるくらいひかえめ。

簑助　お園を遣っているときというのは簑助を忘れていますね。お園になりきっていますが、お園になっても、半七は憎いとは思いませんね。

山川　ははあ、おもしろいな。

簑助　三勝にも焼餅やかない。まして自分の夫とよそのおなごにできた子供、お通がおる、そのお通を本当に愛《いとお》しく抱いて、これがあの人の種の子だという気持ちを出すわけですけれども。

山川　それは、現代的に考えると、非常に理不尽なことですよね。

簑助　考えられませんけれども、簑助を忘れてお園遣っているときというのは、本当に三勝に焼餅もやかない、半七が本当に憎いとも思わない。私はこんだけ思っているねん、こんだけ思っているねん、というのが先、先といっています。
それで、半七は「私と三勝とは死んでいくけども、あとに残したお通をよろしくたのむ」という書置きをお園に置くわけですよ。それで、たったひと言、お園には「この世では添えないけども、あの世では夫婦だ」と書きますね。それを読んだお園が、ちょっと、ここ見てください、「未来は夫婦、と書いてござんすわいなあ」と、単純に喜ぶところなんかね、普通の女房なら「なに勝手なこと言うてんにゃ」てなもんだけれども、お園は、「本当に夫婦だったら、今は添えなくてもあの世で夫婦とあの人は言うてくれてる」と、じつに素直です。このあたりストレートにその役に入っていけますね。

山川　たとえば簑助さんが半七だとする。要するに、奥さんがいるのに、よそに愛人ができ、二人で心中することになる。そのとき奥さんに手紙書いて出て行くわけだけれど、そのときに〝夫婦〟と書く半七の気持ちっていうのわかりますか？　書けますかね、今。

簑助　いや、それはちょっとなんていうのか、わざとらしいっていうのか、照れくさいというのか、書けないでしょうね。子供をただ、よろしくたのむと。

山川　子供をたのむために〝夫婦〟って言う（笑）。

簑助　子供をたのむと言うておきながら、あんたとはこの世で添えないけれどもあの世では夫婦ですよ、というようなことは、ちょっとね。

山川　そうしてみると、今度は一緒に死んでいく三勝がかわいそうですね。一緒に死ぬことは死ぬんだけれども、ただ、夫婦関係はお園とっていうことですね。そのへんのところが、おもしろい。

簑助　でも、三勝でも、小春（『心中天網島』）でも、最後に死ぬときには奥さんに謝っています。小春でも「おさんさん、許してくだしゃんせ」てなこと言うて、それでまあ、別々に死んだんでしょ。

山川　だから、我々、今、男としてね、おたがいにかみさん持っているわけですよ。と、よそにちょっといい女がいて、仲良くなったとする。そのとき、別に、夫婦というものを崩壊させてまでそういう気持ちを起しているわけではない。だから、夫婦は夫婦でちゃんと大事にしておくよと。でもこっちはこっちでしょうがないな、好きな女なんだからと。こういう身勝手な理屈が男にはある。しかし、死ぬっていうことになったときに、そっちとは夫婦だよ、でもこっちと死ぬよっていうのはすごいですね。これ、困ったもんだ。

簑助　でも、我々と、我々って言ったらおかしいですけど、我々とはちがって、この人たちは事件を起しているわけですよ。ただ、この女房と添えない、このおなごとはこの世で添えないからあの世で添おう、と言うて死ぬのとは事情がちがう。半七は、人を殺《あや》めているわけで。

山川　事件の解決のために死んでいるわけ？

簑助　そういうときに同情して、ひとりで死ぬのは寂しいやろと三勝が同情して、だから死を共にしてあげますよと。

山川　気のいい女ですね、三勝も。

簑助　だから、今風に考えたら、はるかに遠いことですけれど、この役になって考えてみたら、わからないことはない、ということですよね。

山川　そのあたりを、女のお客さんがね、このお園をどういうふうに見るかなあ。

簑助　つい最近も、東京の国立劇場でお園をやっていますが、部屋へくる方やたまにお手紙くださる方においても、こんな芝居はばかばかしくて見ていられません、ついていけません、というようなことはただの一遍も聞いたことはありませんね。

山川　素直にすっと入っちゃうという。そこがやっぱり、文楽という世界に引きずり込まれちゃった、しょうがない、そんなもんかいなと、自然に見てしまうと。

簑助　それと、これは余談ですけれどね、今の花柳界はそんなこともありませんけれど、昔はよく花柳界のお茶屋さんのご主人に文楽のたいへん好きな方がおられて、それで文楽の人形を床の間に置きたいと。そのときは必ずお園をあげたんですよ。そしたら、お園を置いてあった部屋へ通ったお客さんで、「ちょっと、この部屋変えてえな」と言う人、多かった。どうしてかというたら、かみさん思い出す、飲んでられないと（笑）。

山川　「今頃は」待っているかと気にかかる（笑）。

簑助　今の人は〝酒屋のお園〟というのを知らないわけなんですよ。昔のお客は酒屋のお園というのを、やっぱり知っていたわけです。

山川　わかるね、それは。浄瑠璃になじんでいる大阪人でしょうね。

簑助　「ちょっと、この部屋変えて変えて。飲めない飲めない」と言うて、変えたんだね。

山川　おもしろいですね。それはいい。お園も少しは溜飲をさげたかな（笑）。

■　■　■

艶容女舞衣（はですがたおんなまいぎぬ）
竹本三郎兵衛ほかの合作。安永元年（一七七二）十二月初演。大坂上塩町の酒屋茜屋の息子・半七は、女芸人・

三勝との間に娘・お通までもうけ、女房・お園を顧みず、父や舅を嘆かすが、人を殺《あや》め、三勝との心中を決心するという実話にもとづいて脚色された世話物。三巻。夫を案じるお園、親同士の義理と情、半七と三勝の死出の旅への経緯を描く下巻「酒屋」のみが上演されることが多い。

注1　**豊竹山城少掾**（古靭太夫）（とよたけやましろのしょうじょう／こうつぼたゆう　一八六七～一九六七）
東京の子供太夫を経て二世竹本津太夫に入門。二世豊竹古靭太夫を襲名。故実や資料の研究をもとにした演奏が近代的と評価される。秩父宮家より山城少掾の掾号を賜る。現文楽の太夫はすべて山城少掾の芸系につながる。

注2　**因会・三和会**（ちなみかい・みつわかい）
昭和二十四年、桐竹紋十郎、野澤喜左衛門を中心とする組合派は三和会を組織して文楽座を脱退。豊竹山城少掾、吉田文五郎らの残留組は因会と称し、文楽座は二つに分裂した。

人形細工師　大江巳之助さん

吉田簑助師匠に同行して、徳島県鳴門市大代町にある大江巳之助さんをたずねたのは、平成五年八月のことだった。大代町は遠くに山並みを望みあざやかな緑の稲田に囲まれていた。家は照り返しのきついアスファルトの道路沿いにあった。

一間間口のガラス戸をあけると、そこは小さな上がり口で、すぐ仕事場となっていた。手を伸ばせばとどく範囲に幾種もの鑿《のみ》、木槌、ノギス、物差し、何本もの毛筆、墨、「かしら」の材料となる檜の木塊、つくりかけの「かしら」、はては新聞紙から湯呑み・急須までが、所せましと置かれてある。なにやら渾然としているが、大江さんがそこに座るとぴたりと収まって一体となった。

　文楽の舞台に無くてはならぬ「かしら」づくり（人形細工師）・大江さんは明治四十年生れ、まもなく米寿を迎える（取材当時・平成九年没）。二十三歳でこの道に入り、名人とうたわれた吉田文五郎、

吉田栄三に自作の「かしら」を遣ってもらい、実地にその遣い勝手の良し悪しを批評してもらった。きびしいダメを受け止め、模索し、つくりつづけた。どこをどう直すのか、誰も教えてはくれなかった。みずから選んだ道とはいえ、師匠を持たない職人の宿命であった。が、それが独自の世界への道筋であったのだろう。

昭和二十年三月の大阪大空襲で文楽の「かしら」をはじめその財産は灰燼に帰した。戦後、渾身の力で復活した文楽を、大江さんは陰で支えた。

現在舞台で遣われている「かしら」の

ほとんどすべては大江巳之助作である。
簑助師匠は、大江さんについてこう話してくれた。

簑助　文楽と言う芸能は時代とともに動いていて、どんどん変化しています。だから昔の「かしら」では今の時代に合わない。今の義太夫に合わない。大江さんの「かしら」だけがその動きに添ってくれる。合う。文楽にとって、なくてはならぬたいせつな人です。

（記・青木信二）

お染

【染模様妹背門松】「蔵前」

――袂を振るサワリというのは、蔵前のお染独特の型で、よほどの技巧を持った左遣いが必要です（簑助）

『新版歌祭文《しんぱんうたざいもん》』（「野崎村」）では、おみつの犠牲的な情けによって久松《ひさまつ》との恋が叶ったはずのお染《そめ》だったが、視点を変えた『染模様妹背門松《そめもよういもせのかどまつ》』下の巻「蔵前《くらまえ》」のお染は、さまざまな曲折の末に久松と心中を決意する。「質屋の段」とか「質店」、また、野崎村の久作《きゅうさく》が革足袋を土産に持って訪れて久松に意見をするくだりがあるので「革足袋」と俗にいわれる。「野崎村」だけを見れば誰もが〝おみつがかわいそうだ〟と同情するが、この狂言を見ると、お染という娘もまた悲劇の道を歩んだのかということに気付く。

ここでのお染は、人形遣いにとってやりがいのある役だ。蔵のなかへ閉じ込められた久松に会いに忍んでくるお染……手燭をふるえる手に持ち、凍えるように飛び石を伝いながら出るお染は、足遣いにとっても見せ場となるし、サワリも気分がいいのだろう。

総じて、文楽の女方のなかでも振袖の娘がいちばんむずかしいといわれる。この蔵前のお染は、簑助の大《おお》師匠に当る吉田文五郎の当り芸として名高いが、その文五郎は、こう言っている。

「男ならばぐんと腕を伸ばして、手首が袖口から少々出すぎてもをかしくはなく、それだけに衣物の袖を突っぱることができますから、臂《ひじ》の肉が落ちないで、恰好《かっこう》もよいのですが、女形の手は、手首が少しでも出ると品《ひん》がなく、女が腕まくりをしてゐるやうで、見られたものではありません。といって、そればかり気をとられて手を引っ込ませがちにしますと、袖がたるんで恰好も悪く、まるで腕の肉が無いやうに見えます。殊に若い振袖娘は、袖口から指の先をほんのわずかしか出ないやうに遣はねばなりません。それをちょっとでも出しすぎますと、恰好はぶちこはしになりまして、娘のうひうひしさは無くなって了《しま》ひ

「可愛想に久松が思ひ詰めて死んだのを」

「蔵前の段」

ます」（『文五郎芸談』吉田文五郎著より）

簑助は、この大師匠の芸談をそのままみごとに舞台で実践しているのだが、これができそうでできない。

若い人形遣いに向って簑助が、

「ヒジ張って、ヒジ殺しな」

と言う。ヒジをある程度張らなければ、肩板から麻ひも一本でぶらさげただけの骨も肉もない人形の腕は、中身を失って袖がダラリと下にたれさがるばかりだ。かといってヒジを張りすぎると肩から腕がいかつく張り出し色気を失う。そのあたりのコツを、あるとき、簑助に聞くと、（A）図のようになっては困るので、（B）図のようにヒジを殺し、ヒジから下をひねって手首を〝返す〟ようにすれば、自然に肩も落ち、色気も出るのだとのこと。なるほどと納得させられた。

(A)

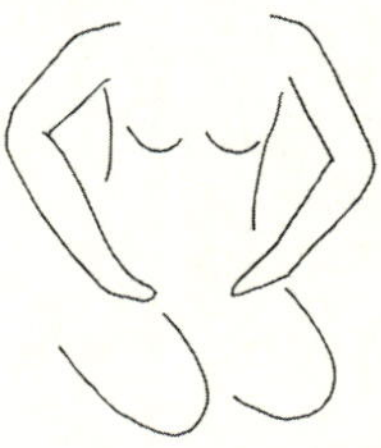

(B)

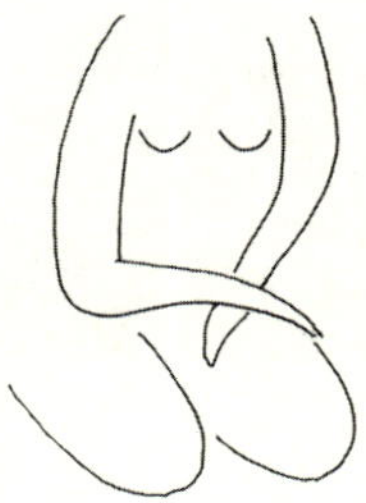

イラスト　山川静夫（左頁共）

恋しい久松に向ってお染が、すねるような、甘えるような、袂《たもと》を左右に振り回して口説くサワリは、「蔵前」独特のものだが、これがまたむずかしい。「エーエ、エーエ」で、首と手がたがいちがいにならなければ、かたちにならないし色気も出ない。そのためには、よほどの技巧を持った左遣いが必要で、しかも「サシガネ」（注1）一本で、腕をひねり、袖をさばき、ひねりの角度と主《おも》遣いの首の方向を考えつつ遣わねばならないのだからたいへんな苦労だ。紋十郎の左を遣っていた頃の簑助の芸は、このような場合でも天才的な能力があったことを私は忘れない。

振袖の娘は、袖口から指を出さずに、袖先をちょうど乳房の真中あたりの位置に上げているのが人形遣いの心得である。

これをさげてしまうと、とたんに老けてしまうし、袖口から手を出してしまうと幼い子供が泣いているように見えてしまうと教えてくれたのも簑助だった。

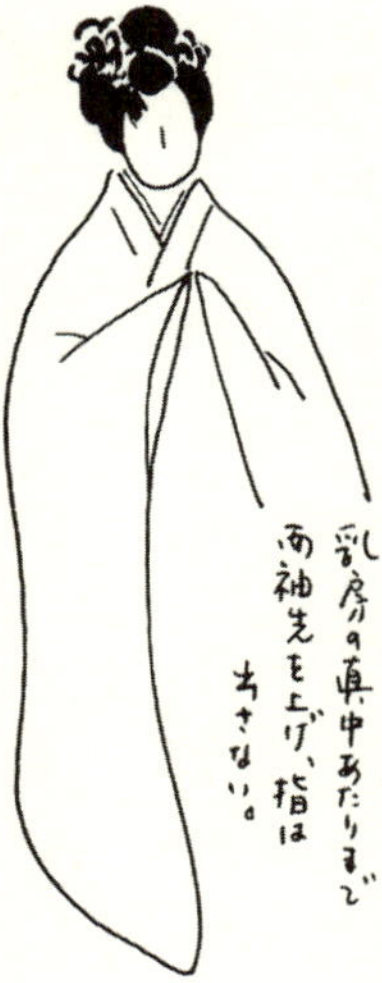
乳房の真中あたりまで
両袖先を上げ、指は
出さない。

ついでに言えば、膝を折るときに女方の足遣いは、握りこぶしを着物の膝の位置に突き出す。その寸法が、高くても低くてもおかしい。あくまでも物理的な膝の位置とおぼしきところでなくてはならないし、また、出す方向が、人形の鼻筋にならなければ、せっかくの娘がガニ股になってしまう。

お染の人形の扮装《こしらえ》は、娘かしらにお染髷《まげ》に花簪《かんざし》、黒繻子《くろじゅす》の襟をかけ、段鹿子《だんがのこ》の振袖の着付け、赤の鹿子絞りに黒繻子で縁《ふち》どりした文庫帯、と相場がきまっている。私がひとつ不思議に思ったのは、おかみさんなら黒繻子をかけるが、振袖娘のお染がかけているのはなぜなのだろうという点だ。「城木屋」のお駒や「八百屋」のお七（注2）も、やっぱり娘でありながら黒繻子をかける。簑助にたずねたら、

「今言われてはじめて気がついた」

と笑ったが、お染の場合は懐妊もしているし、処女ではないという暗号なのか、それとも商売を手伝う心の〝汚れよけ〟なのか。

■ ■ ■

染模様妹背門松（そめもよういもせのかどまつ）

菅専助作。明和四年（一七六七）初演。大坂東堀の油屋の娘・お染と、丁稚・久松の情死の顛末を描いた世話物。二段。下巻「質屋の段」は、蔵に閉じ込められた久松と蔵外のお染を見どころとすることから、通称「蔵場」「蔵前」とも呼ばれる。

注1　**サシガネ**

人形の腕につけられた一尺くらいの長さの棒のこと。左右に張られた麻糸のひもを操作して、人形の手首や指を動かす。

注2　**お七**

小姓吉三に会いたいばかりに放火をした八百屋の娘・お七の実話は、江戸庶民の高い関心を得て、浄瑠璃や歌舞伎で多数の脚色を生み出した。お七が火見櫓《やぐら》に上り半鐘を打つところで、うしろを振り向いて肩で息をする型は文楽独特で、人形振りと呼ばれる。

お辰

【夏祭浪花鑑】

——極道の妻たちの話ですかな、これは（簑助）

平成五年の八月、大阪の国立文楽劇場で、簑助は『心中宵庚申《しんじゅうよいごうしん》』のお千代と、『夏祭』のお辰《たつ》を演じ、好評だった。新聞評に「簑助がお辰の男勝りの気性を、美しい姿かたちの内にみごとに映しとった」とある。

歌舞伎では派手なお辰も、人形遣いにとっては、さほどやりがいのある役ではない。しかし、工夫を凝らすと、目立たなくとも、遣っていて気分だけはいい、と簑助は言う。このお辰で簑助は、観客にそれと気付かれぬような、人形遣いの心意気とでもいうのか、目立たぬ小道具をひそかに使った。

江戸時代、処女で嫁入りをする場合、初夜に夫とまみえるに当って、未経験の生娘《きむすめ》のこと、どのような驚きか計り知れぬものがある。そこを親が見越して、ひそかに〝救命丸〟のような気付け薬を印籠《いんろう》に入れて娘に持たせるならわしがあったという。

その嫁入り用の気付け薬の袋を、処女ではないお辰に使ってみようと簑助は考えた。あやまちを犯した主人筋の若旦那、玉島磯之丞《いそのじょう》をあずかり受けようというほどの女であってみれば、度胸は満点だが、この大役には、どのような緊迫した事態が発生するとも限らないことをお辰は知っていて、いざというときには、気付け薬を飲む用意をするとの解釈である。そこで、お辰の着物は胸をなるべく広くあけ、人妻の色気をつくりつつも、襟の帯ぎわにさげる印籠のなかへ、懐紙にはさんだ気付け薬を忍ばせたのである。

私は、かつて新派の花柳章太郎が、自分の身につける小物や小道具にたいそうな身銭《みぜに》をきって凝りに凝ったのを思い出す。観客からはそれと気付かぬことでも、演者が自分の納得できる扮装《こしらえ》をして舞台に出ることが、緊張感のある好演につながっていくのを簑助が知っていたからであろう。

お辰はハリのある女である。現代風にいえば〝ツッパリ〟というところか。『夏祭』という芝居は、登場人物がほとんど浪花の侠客《きょうかく》であり、これも現代風にいえば〝ヤクザ映画路線〟に相当しようか。一寸徳兵衛女房のお辰や、団七九郎兵衛女房のお梶《かじ》は、いわば若頭《がしら》の女房、つまり〝極道の妻たち〟である。だからこそ、内面はたとえ弱い女でもツッパっていなくてはならないのだ。

大阪時代に私が仕事で使った文楽の筋書や床本《ゆか》（注1）をなつかしみながら繰ってみると、自分で書いた思いがけないメモに出くわすことがある。

「にぎわしき難波高津の夏神楽、練込む振込む荷ひ込む、てうさようさの伊達提燈、門の揃へは地下町《じげちょう》の、しるしを見世に伊予簾《いよすだれ》……」

と、語り出す『夏祭浪花鑑《なつまつりなにわかがみ》』六段目「三婦内」の床本をひらいてみたら、お辰の出のところに、心覚えの走り書きを見つけた。

「黒地絣《くろじがすり》、明石地、白献上の帯」

とある。このお辰の扮装が、いかにも夏の女の着物とツッパリ女の性根を表現しているよ

「玉島の田舎に住んでも一寸徳兵衛が女房辰でござんす」

「釣船三婦内の段」

うに思えるのだ。

玉島磯之丞を大坂から逃すため、釣船《つりふね》の三婦《さぶ》というこれも元は俠客の家へ磯之丞を引きとりにきたお辰。だが、生一本の三婦は、

「色気のある女に、若い男をあずけて、もしもまちがいが起きては……」

と断る。〝一寸《いっすん》〟でもあとへは引かぬ気性の亭主に恥をかかせては女房の名折れと、お辰は、かたわらの火鉢に鮎を焼くためにかけてあった鉄箸を、我と我が頬へ押し当てて疵《きず》をつけ、

「これでも色気がござんすか」

と、姉御肌の俠気を見せるのだ。

役柄としても、もうかるようにできているが、黒の明石の帷子《かたびら》に白献上の帯をかっきりと締め、日傘を差して出るお辰のよそおいは、だらけがちな炎暑のなかに、美しい女の夏姿の、しかもピンと張りつめたものを感じさせて、たまらない魅力がある。小股の切れあがった女というのはこういうかたちなのか、と思ったりもする。

ただし、簑助の考え方はちょっと違う。

簑助　お辰は、東京で言うたら鉄火というんでしょうけれど、これ、浪花のおなごでしょう。だから、あんまり粋《いき》という感じではないんじゃないかと思うんです。徳兵衛はヤクザでもまだ下のほうで、その女房もそんなに上等やない。少しヤボったいくらいのほうが文楽らしいお辰じゃないかと思ったんです。ですから、文楽の女のなかでも、それほど重くない役というところでしょうか。

私のお辰への思い込みとは、いささか相違があるのもおもしろい。

それはさておき、並木千柳《なみきせんりゅう》（注2）が書いた『夏祭浪花鑑』は人形浄瑠璃としてはじめて人形に帷子を着せたことや、世話浄瑠璃最初の長編という点で注目したい。

義太夫の第一期黄金時代は延享年間から寛延年間（一七四四―一七五〇）にかけての時期で、この『夏祭』をはじめ『菅原伝授手習鑑』『義経千本桜』『仮名手本忠臣蔵』などという傑作が一挙に生れたのだった。

この時期のほんの少し前、享保十九年（一七三四）に吉田文三郎という人形遣いが『芦《あし》屋道満大内鑑《やどうまんおおうちかがみ》』で、人形の左手と足を別々にしてはじめての三人遣いを工夫した。これが

「なんと三婦さん、この顔でも分別の、外といふ字の色気があらうかな」

「釣船三婦内の段」

きっかけで人形浄瑠璃全体も活性化したという見方もできる。

『浄瑠璃譜』の延享二年七月「夏祭浪花鑑」のくだりに、

「操り段々流行して歌舞伎は無きが如し、芝居表は数百本の幟進物等数を知らず、東豊竹、西竹本と相撲の如く東西に分れ、町中、近国、贔屓をなし、操りの繁昌言わん方なし」

とあるから、当時の人形浄瑠璃の人気のほどが知れよう。

また、豊竹座（注3）の作者の並木宗輔が、並木千柳と名前を変えて竹本座へ移籍したことも大きい。竹本座へ移った千柳は、竹田出雲や三好松洛《みよししょうらく》（注4）らと力を合せて、次々と名作を誕生させていくのだから、どういう事情があったにせよ、並木千柳の移籍は、作者のヘッド・ハンティングが成功した一例ともいえそうだ。『夏祭』は、そうしたさまざまな歴史的背景の下に生れた作品であることも忘れたくない。

余談になるが、簑助が兄と慕う二世桐竹勘十郎の追善公演のとき、簑助は、勘十郎の子息簑太郎（当時・現勘十郎）に団七を遣わせ、自分は義平次に回り、合せてお辰との二役をつとめた。このお辰・義平次二役というのは文楽でははじめてのことだったし、女方遣いの簑助のこととて汚れ役の義平次はあまり気がすすまなかったらしい。ところが義平次は、

「イヤ〳〵親殺しぢゃ〳〵〳〵」「ア、コレ声が高い〳〵声が高うござります」

「泥場」

悪役のおもしろさがけっこうあり、すっかり楽しんでしまったと聞く。

■　■　■

夏祭浪花鑑（なつまつりなにわかがみ）

並木千柳、三好松洛、竹田出雲合作。延享二年（一七四五）七月初演。団七九郎兵衛と女房・お梶、釣船の三婦、一寸徳兵衛と女房・お辰らが繰りひろげる市井の侠客の世界を描く世話物。九段。夏の祭礼の場を中心とする夏狂言の代表。

注1　**床本**

太夫が舞台に出たときに、見台《けんだい》の上に置いて用いる浄瑠璃本のこと。特殊な書体で一頁五行に書かれており、音の高さや長さを示す朱と呼ばれる朱色の符号も記入されている。

注2　**並木千柳**（なみき・せんりゅう　一六九五―一七五一）

浄瑠璃作者。元は並木宗輔を名のり、豊竹座の作者だったが、一時期名を千柳と改め、竹本座合作陣の主力となり、名作を次々と生み出した。

注3　**豊竹座**

元禄十六年（一七〇三）、大坂の浄瑠璃太夫初世竹本義太夫の門人であった竹本采女《うねめ》が、豊竹若太夫と名を改め、竹本座の東に創設した操座。明和二年（一七六五）退転した。

竹本座

貞享元年（一六八四）、初世竹本義太夫が道頓堀に創設した操座。近松の浄瑠璃を上演して豊竹座と共に全盛を極めたが、明和四年（一七六七）退転した。

注4　**三好松洛**（みよし・しょうらく）

江戸時代中期の浄瑠璃作者。竹田出雲、並木千柳との合作物に傑作が多い。

お谷【伊賀越道中双六】「岡崎」

――この「岡崎」のお谷は、精神的にしんどいです（簑助）

昭和十四年十一月、簑助が六歳のとき四ツ橋文楽座で「岡崎」が出て、吉田文五郎がお谷《たに》を遣った。そして番太《ばんた》（夜回り）が簑助の父親紋太郎で、その足遣いを、小辰時代の簑助がつとめている。それは簑助にとって師匠と父の二人と共に舞台に出た五十余年前のなつかしい思い出だが、そのとき、足遣いにすぎなかった簑助が、今ではお谷を遣うまでになった。その間の歳月のことを「岡崎」が出るたびに思い浮べ、感慨深いという。

〽来いといふたとて行かれる道か道は四十五里波の上

「岡崎の段」

簑助　お谷の見せどころは、笈摺《おいずる》をかけて、手には杖、浅黄の手甲脚絆という巡礼姿のお谷が、ふところに乳飲み子を抱いて一文字笠を被ったナリの上に、蓙《ござ》にくるまって、「冷え凍る」雪道を出てくるところの寒さの表現です。この出で、ああ寒そうだっていうのを感じさせるのが肝腎です。もう、ここしか見せ場ばないといってもいいんです。ですから、この「岡崎」のお谷は精神的にしんどいんです。

簑助が感じている精神的な重さは、彼のお谷の動かし方をつぶさに見ると、なるほどと納得させられる。動きを極度にひかえた抑制のなかに、寒さと癪《しやく》にせめさいなまれるお谷の苦痛を表現しなければならないからだ。

「外は音せで降る雪に、無慚や肌も郡山の、国に残りし女房の、思ひの種の生れ子を抱いてはる〳〵海山を、たどり〳〵て岡崎の、宿より先に日は暮れて、いづくを宿と、定めなく、がはと転《こけ》ればわっと泣く、子をすかす手も、冷《ひ》え凍る。雪の蒲団に添乳の枕……」

いかにも叙情的な、哀感こもった浄瑠璃に連れて、簑助は、下手の小幕を出る。

まず左足で雪の深さをさぐるように用心深く踏み込んでから、ゆらりと身をゆらせ、つづいて右足先からゆっくりとズボッという感じで雪のなかに入れ、杖の突き方も雪道のきびしさをあらわしながら、極度にセーブした歩きを見せる。

癪を起し苦しむところは、被っていた頭の手拭が、前かがみになったためにハラリと自然に落ちる振りになっている。家のなかへ助けを求めるときのかたちが美しいのは、片手を戸にかけ、身体をもたせかけた角度がよいからであろう。お谷が苦痛を訴えるセリフのなかに、

「産落すからこの巳之助《みのすけ》」

とあるが、役名のミノスケと人形遣いのミノスケが重なるのは御愛嬌だ。簑助も、ここは客席でニヤッとする見物に気をとられそうで困るらしい。

幸兵衛女房の「糸車」の唄に連れて、戸外のお谷の苦しみはつづく。「つらさは骨にこたゆれど」では、右手を左内ふところに差し入れ目をつむり、力を込めて乳下をさすりもだえるが、いかにも癪と寒さを見る人に感じさせるリアルな芸である。

「頼み上ぐるは観音様」と両手を合せて拝むときや、「生きてゐたい」と強い決意を示す

天道哀れ白雪の積り重なる旅労れ。癪と寒気にとぢられて『アッ』と一声気を失ひ、

「岡崎の段」

ときに、いずれも浄瑠璃の文句と人形の心理状態が符合するのは、簑助の遣うかしらの上向く角度によって、目線が適切だからである。また、右片膝を立てて家の内をキッと見込むかたちから、やっと立ちあがって門の柱に背をもたせかけ天を仰ぎ荒い息遣いを見せるあたりは簑助の専売特許だ。

政右衛門に戸口から追い立てられるが、お谷は立てない。「杖を力に立兼ぬる」と浄瑠璃は語り、杖にすがって必死に立とうとするときの力の入れ具合が、これまた、実にうまい。手に力を入れているのではなくて、芸の力がこもっているのである。

政右衛門によって巳之助が殺されたあと、お谷は「明くる戸、すぐに転《まろ》び入り、あへなき骸《から》を抱き上げ……」からクドキになるが、ここは政岡（『伽羅先代萩《めいぼくせんだいはぎ》』）のクドキと似ているようで、微妙にちがう。それは政岡の子供千松は、みずから進んで殿様の犠牲になったのにくらべ、お谷のほうは、夫の政右衛門の武士道のために夫に子供を殺されるのである。だからお谷のクドキは「前生《さきしょう》にどんな罪をして侍の子には生れしぞ」と、武家に生れた我が子の因果に涙するのである。「いま一度生返り、乳房を吸ふてくれよかし」と泣き伏すお谷は、侍の妻とはいえ、ごく普通のか弱い女性のひとりのように私には思え、〝侍の義理〟

のむごさを恨むお谷に同情する。

簑助が、クドキで悲しみを表現するためにお谷の身体をゆする場合、首と肩がたがいちがいに動くうまさに驚嘆する。「母《かか》ぢゃわいのォ――」と、巳之助の顔にしっかりと眼を合せ、それからゆっくりと眼をあげ、はるか遠くをぼんやりと見るようなとき、母と子の愛と、別れの悲しみはいやまして、限りない哀感をかもし出す。

吉田文五郎は、八段目の「岡崎」のお谷よりも、五段目の「饅頭娘《まんじゆうむすめ》」のほうが大役だと言っているが、この場では、政右衛門がお谷という妻を持ちながら、新たに嫁を迎えるというので、お谷がムキになって焼餅をやく。これもじつはカラクリで、新しく迎える嫁が、〝饅頭を食べたい〟というほどの頑是《がんぜ》ない女の子であり、政右衛門の義のためには仕方なかったと、あとで説明される。

政右衛門は、もちろん実説の荒木又右衛門を想定して仕組まれた人物で、世にいう〝三大仇討〟（注1）の立役者だが、ニセの結婚はするし、子供は殺すし、いくら正義のためとはいえ、こんなひどい亭主、お谷はさっさと離婚すべきではなかったのか。

■　■　■

伊賀越道中双六（いがごえどうちゅうすごろく）

近松半二、近松加助合作。天明三年（一七八三）四月初演。剣客荒木又右衛門の伊賀上野の仇討を脚色した作品で、本作では又右衛門を唐木政右衛門、敵討の当事者渡辺数馬を和田志津馬、敵の河合又五郎を沢井股五郎とする時代物。十段。六段目「沼津」と八段目「岡崎」の上演が多い。お谷は志津馬の姉で政右衛門の女房。

注1　**三大仇討**

建久四年（一一九三）の曾我兄弟、寛永十一年（一六三四）の伊賀上野での助人・荒木又右衛門、元禄十五年（一七〇二）の赤穂浪士の敵討のことを指す。三大仇討を脚色した戯曲作品は数多く、大衆に流行し、人気を集めた。曾我兄弟の敵討を脚色した作品は曾我物と呼ばれ、古くは寛永年間の『夜討曾我《ようちそが》』をはじめ、近松門左衛門の曾我物だけでも『世継曾我《よつぎそが》』の他十一曲におよんでいる。伊賀上野の荒木又右衛門の敵討を脚色した作品は、伊賀越物と呼ばれ、なかでも『伊賀越乗掛合羽《のりかけかっぱ》』『伊賀越道中双六』がとくに名高い。赤穂浪士の敵討を脚色した作品は忠臣蔵物と呼ばれ、やはり多くの戯曲を生んだが、その集大成ともいうべき傑作『仮名手本忠臣蔵』は、実際の事件への関心の高さも相俟って、空前絶後の人気作品となった。

お千代

【心中宵庚申】「上田村」

――本当に不憫な、因果なおなごでね、お千代。もうたいへん好きな役です（簑助）

世の中には男運が悪い女性というのがいるもので、『心中宵庚申《しんじゅうよいごうしん》』のお千代《ちよ》は、その典型ともいえよう。

最初は道修町《どしょうまち》の伏見屋太兵衛のところへ嫁入りしたが、太兵衛が身代を持ちくずした揚句に離縁となり、二度目の亭主とは死に別れ、三度目に嫁に行ったのが八百屋半兵衛《はんべえ》のところである。

親の家さへ女気の、敷居も高く越えかねて、佇むありさま

「上田村の段」

半兵衛は今は八百屋をしているが、元は遠州浜松の武士山脇三左衛門の息子で、なぜか大坂へ養子に出されたのだ。

どこという欠点もないお千代・半兵衛夫婦だったが、困ったことには、意地悪な姑《しうとめ》の嫁いびりで折合いが悪く、子をみごもっているお千代なのに、半兵衛の留守中に強引に駕籠《かご》にのせられて実家の上田村に帰らされてしまうところから悲劇が起る。その結果は、心中物でもめずらしい夫婦《めおと》心中である。村田英雄の歌は「夫婦春秋」、などとシャレている場合ではない。

簑助　お千代は「上田村」がひとつの眼目でしょうね。三度も嫁入りして三度もどされてきた実家の敷居。そりゃ高いのが当り前です。だから「上田村の段」で最初に駕籠から出たときに、自分の実家でもいかに入りにくいか、そのお千代の心を、まずお客さんに感じてもらわなければいけない役ですね。

駕籠から出た簑助のお千代は、人形の左袖で脇腹を押えるようにし、右袖で深く胸を包んで、うつむきかげんのかたちでゆっくりと門口に立つ。浄瑠璃の「目元しぼよるゝ」は、眼肉が落ちてしょぼしょぼしていることで、泣きはらした眼には実家の門口はまぶしすぎるというお千代の憔悴しきった状態が、このかたちから伝わってくる。おまけに身重《みおも》なのだ。

立入りかねる門口をやっと通って姉のおかるに迎えられ、聞けば父親の平右衛門は病の床についているという。

「いつからのことでござんする」

お千代は自分のことを言い出す前に、まず父の病気を案じて身をのり出すが、なんでもないこういうところを見落してはならない。お千代の、我を忘れて父親大事の一心を、人形の首を少し右に傾け、下から姉の顔をのぞき込むように身をのり出すかたちにして見せる簑助はすばらしい。

お千代が父親の見舞いにやってきたとカンちがいした姉のおかるは、医者が大丈夫と請け負っていると安心させるが、どうもお千代の様子がおかしい。

〈さては、また離縁させられたか〉

「灰になっても帰るな」とその一言をこの世の名残り

「上田村の段」

と、姉は早合点で、「お前のように辛抱のないのは困ったもの、この上田村では近所の人が島田平右衛門の娘のようになるな、とうわさしているのがわからぬか」と、お千代を批難する。なにも好んで去られるわけではないお千代にとってみれば耐えがたい姉の言葉だが、自分にも非があるのかしらと、右手を膝にギュッと力を込めて置き、左手で胸を押して顔を伏せる。

姉に一部始終を話した薄幸のお千代は、姑の仕打ちに「酷《むご》い、辛い」と肩を落すが、このあたりの肩から腕の線にも哀れがにじむ。

上手の一間《ひとま》から父親平右衛門の声がする。お千代は、上手に目をつけたまま立ちあがり、おののくように下手へ移って、病床の父はさぞ怒るだろうと恐る恐るうかがうところが「おづ〳〵差し覗《のぞ》けば」である。簑助のお千代は、ただ上手に向って立っているのではなく、〝おののき〟〝うかがう〟というお千代のふるえる心が十分に表現された立ち姿なのだ。

これに対する平右衛門の言葉は、いかにも父親の情愛にあふれ、涙をそそる。

「案じらるゝは子の身の上。三度は愚か百度千度、去られても、去らるゝに定まりし、前世の約束と思ひ諦むれば、悔みもせぬ憎うもない」

作者の近松門左衛門の世話浄瑠璃最後の作品だけに、このとき、近松は七十歳になっていて、おそらく、老人としての真情を平右衛門に重ね合せたと思いたい。

〝知らぬ顔の半兵衛〟という言葉の出典は知らないが、旅の帰りに妻の実家の様子を見舞おうと、何も知らぬ半兵衛がやってくる。この半兵衛は、本当になにも事情がわかっていない〝ぼんやり亭主〟だ。

思いがけなくお千代がいるのでびっくりした半兵衛ははじめて事情を知るが、平右衛門は精一杯の半兵衛へのあてつけに、お千代に読ませる『平家物語』の祇王の段を引用し、「世に定めなき物は男女の習ひなり」とグチをこぼす。

平右衛門の長ゼリフの間、お千代に仕どころはなにもないが、簑助は「首や肩や腰の線に三度も去られた女の情を凝縮させ、内面からにじみ出るように」という。相対的に「上田村」は地味な浄瑠璃で、人形も派手には動かず、感情をこめていなければなんでもない平凡な役にうつるが、簑助は、お千代の気持ちになって耐えつづけるから〝しんどい〟という。

自害を思いとどまった半兵衛は「たとへ死んでも体も戻さぬ。尽未来《じんみらい》まで女夫《めおと》々々」とキッパリと言い、ここでやっと「形《なり》こそ町人、心は侍」という自分の心意気をみせる。

もちろん夫の言葉を聞いてお千代はうれしいが、ここも夫婦ということをわきまえてか、ちょっと夫の膝に手を置くだけで、あとは立ち姿になって、妊娠のしるしの抱え帯を両手で締め直すにとどめる。

夫婦そろって大坂へふたたび出て行くお千代に、父親の平右衛門は、姉のおかるに〝祝いの門火《かどび》〟を焚《た》かせ、はては夫婦が無常の煙となって消えていくのを、あるいは予感したのか、「灰になっても帰るな」と悲痛な声をしぼる。お千代は、その声を門口の柱につかまるようにして背中で聞き、門火に目をやって泣く。よろけるように外へ出て、半兵衛が差し出す饅頭笠に顔をかくして父親への甘えを断ちきるような段切《だんぎれ》となる。

お千代という女は、私の観察では、かなり潔癖で、照れ屋で、およそかけ引きとか色事には長《た》けていないという感じだ。夫婦ならば、それでよい、そのほうが当然、と感じる向きもあるだろうが、得てしてそういう女房の亭主が〝どこか物足りない〟と感じていることが多く、愛人ができたり、離婚に発展する場合もある。このあたりの感情こそ「定めなき」ものなのだろう。

なにごとにも逆らわぬお千代の従順さ、養母への義理と夫婦の愛情の板ばさみになる半兵衛の武士的性格、この二つがついに夫婦《めおと》心中を決意させる。

「八百屋」につづく「道行《みちゆき》」についての簑助談。

簑助　八百屋の婆は、半兵衛に気があったというところまでは近松は書いていませんが、とにかく芝居を盛りあげる敵役で、こういう役があるからいっそうお千代への同情がわくんでしょう。「八百屋」で、また婆にいじめられて、お千代・半兵衛夫婦はもうこの家にはおられん、今日は幸い宵庚申、申《さる》や、この家をさろうと言うて死出の道をたどるんです。ここの演出はよくできています。二人は心中のために死装束と刀を緋毛氈《ひもうせん》にくるんで持ち出します。道行はどれも派手な曲がつくもんですけれど、この道行は踊り地もなにもなく、ひたすらリアル、リアルで通します。それで、この寺の門前を死に場所ときめ、紅《くれない》の蓮のうてなの代りに緋毛氈をひいて死ぬんですが、半兵衛がお千代に刀を突き刺す段になって「のう待ってたべ待たしゃんせ」とお千代が半兵衛をとどめ「可愛やお腹に五月《いつつき》の、男か女か知らねども、この子の回向《えこう》してやりたい」と口説くところ、私としてはお千代が哀れ

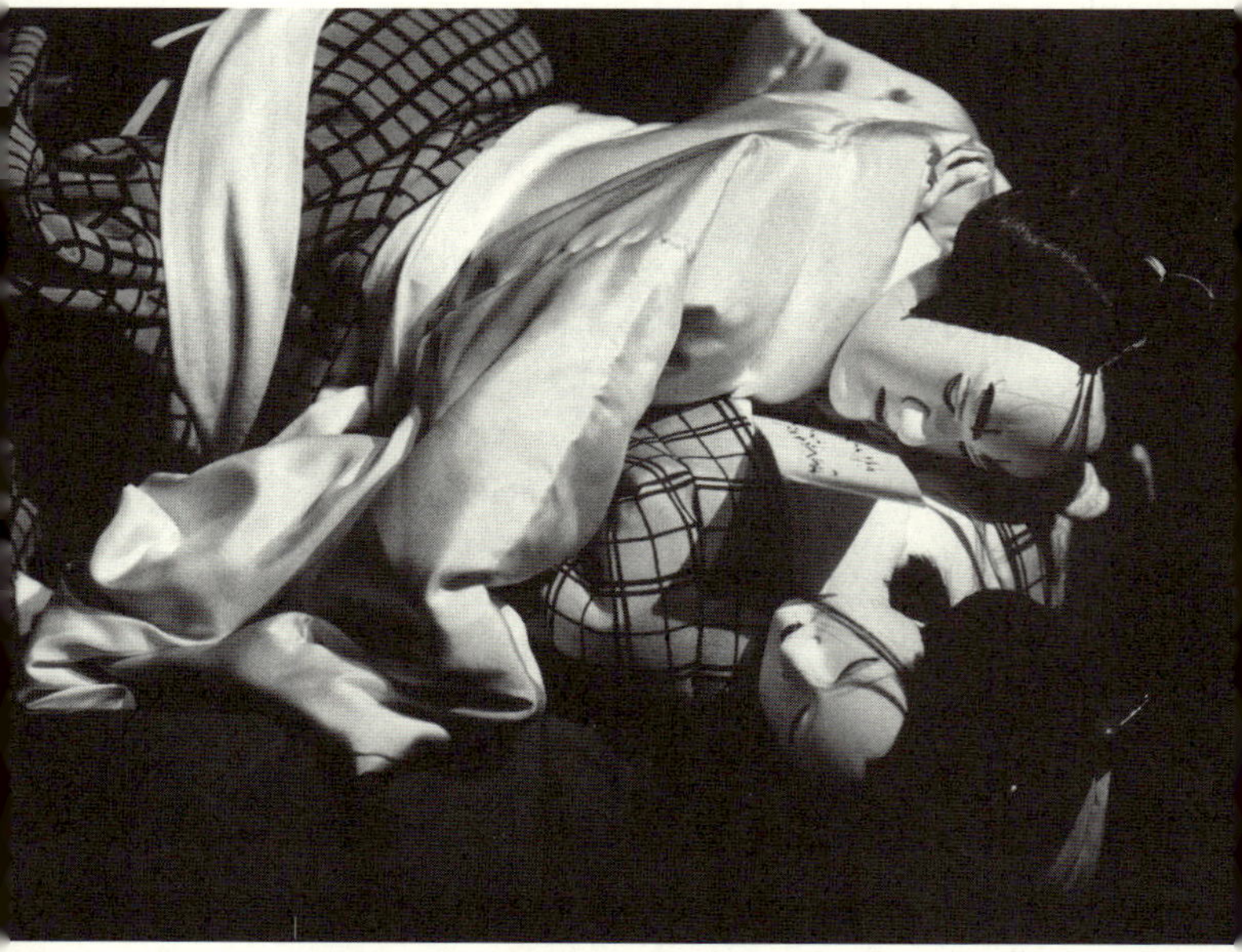

「道行思ひの短夜」
この世の縁切る。息引き切る。
哀れなりける次第なり。

で哀れで……。夫婦の心中という情愛の深さがにじみ出る、私としてはたいへん好きな役です。

私が大阪で勤務していた頃、昭和四十年五月二十三日の番組に、この「上田村」が、八世綱太夫・十世弥七によって復活された。昭和七年以来のことで、半兵衛が初世玉男(注1)、お千代が簑助だった。

この収録の日に、簑助と私はスタジオで仕事を共にしているから、思い出深い浄瑠璃である。このとき、三味線の弥七は、「上田村」が大好きらしく

「ええもんだっせ、地味なもんですけど」

と、しきりに繰り返していた。

高村光太郎は、『心中宵庚申』という詩の一節で、こううたいあげる。

ふるい、ふるい人情の烈しいひかりが
もののかげから忍んで泣く

死ぬるは切ない美しさ
今の世でも　　（一九一一・六月）

■　■　■

心中宵庚申（しんじゅうよいごうしん）
近松門左衛門最晩年の作。享保七年（一七二二）初演。大坂新靫町の八百屋の養子・半兵衛と女房・お千代が、卯月五日の宵庚申の夜に夫妻心中する顛末を描いた世話物。三巻。中巻「上田村」は、お千代の実家での場面。下巻「八百屋」は、二人が家に戻り、心中をとげるまでを描く。

注1　**初世吉田玉男**（よしだ・たまお　一九一九―二〇〇六）
人形遣い。昭和八年、吉田玉次郎に入門し玉男を名のってから最後までひとつの名前で通す。理論家であり、解釈は行き届き、そのうえ、大きさと品格を備えていた。簑助とのコンビは数々の傑作を生み出した。人間国宝。平成十八年没。

お初

【曾根崎心中】

――男を愛しい、私が守ってやりたいと思いつめたとき、
近松の女はみな強いですよ（簑助）

「曾根崎《そねざき》の天神の森で心中がありました」

と、近松門左衛門の耳に情報が入った。近松がただちに天神の森へかけつけると、筵《こも》を被せた男女の死骸から白い足が出ていて、それが近松の目に強烈に焼きついた。

この心中事件は、大坂内本町《うちほんまち》の醤油屋の手代徳兵衛《とくべえ》と、北の新地の「天満屋」お初《はつ》の情死で、元禄十六年（一七〇三）に竹本座で初演されると、実際の事件直後だっただけに空

足で問へば、下にはうなづき、足首とって喉笛撫で、『自害する』とぞ知らせける。

「天満屋の段」

前の大当りをとったという。

ところが近世では、なかなか上演されず、昭和二十八年の八月新橋演舞場で二世中村鴈治郎と扇雀（現坂田藤十郎）のコンビによって復活されると、たちまち近松ブームに火がつき、この歌舞伎『曾根崎心中《そねざきしんじゅう》』に刺激されて、文楽も昭和三十一年一月四ツ橋文楽座の因《ちなみ》会で復活された。簑助は当時三和《みつわ》会所属だったから、このときのお初は二世吉田栄三《えいざ》（注1）、徳兵衛は初世吉田玉男が遣った。

復活するに当って、近松の文章はしっかり残ってはいるものの、節付けも、人形の遣い方も、皆目わからず、ほとんど初演といってもよい舞台だった。なにしろ、近松時代は一人遣い（143頁参照）だったから、三人遣いの文楽の振りで再生させようとする作業だけでもたいへんだったであろう。

幸い、「天満屋」は八世綱太夫・十世弥七のコンビがすばらしい演奏をした。また、自身役者でもあった澤村龍之助という舞踊家が、振付けをし、野澤松之輔（注2）が作曲した「天神の森・道行《みちゆき》」は、これに勝る道行はないとまでいわれるほどの好結果を得て、興行は成功し、以来『曾根崎心中』は文楽のドル箱となっている。

歌舞伎で復活した昭和二十八年夏の鴈治郎・扇雀の舞台を、私は観ているが、このとき「天満屋」で、お初の打掛の裾にかくれ床下に忍んでいる徳兵衛が、お初の白い足を首筋にこすりつけ、お初も「一緒に死のう」と足先で合図を送る場面が、じつにエロチックだと大評判だった。

これは、近松原作にもかなり意識的に足を強調したふしがあり、近松が、天神の森で目の当りにした筵から出た白い足のイメージではなかったかと推察できる。

お初がいかに徳兵衛に惚れていたか——それは単なる遊女と客の関係をこえていた。「生玉社」での観音巡りでも、お初は徳兵衛の無事を祈って廻っているほどの気の入れようだし、九平次《くへいじ》の詐欺にひっかかり窮してしている恋人〝徳さま〟への同情心もひととおりのものではない。同じ金の工面でも『冥途《めいど》の飛脚《ひきゃく》』の梅川《うめがわ》の場合、自分の身請けの金ゆえに忠兵衛が公金の封を切ってしまうという直接的な責任感が働くが、お初の場合、徳兵衛の金銭のいざこざは、自分とは関係のないことなのかもしれない。しかし、男への〝愛《いと》しさ〟というただその一点だけで、心中へと真っしぐらに突き進んでいく。

「この世の名残り、夜も名残り……」

「天満屋の段」
舞台舟底の景。客前には二尺七寸の手摺があり客席からは見えない。
黒衣の後見が屋台の手摺を開けようとしている。

という名文句の道行で、文楽の演出では、お初・徳兵衛が登場するところで、火の玉を二つ飛ばす。お初が「怖い」とおびえる。徳兵衛はお初をしっかりと抱いて「怖くないよ、あれは私たち二人の人魂だ」とはげます。それについて、簑助には小さい頃から老人に言い聞かされていたことがあって、人間は死ぬ三日前に魂が先にぬけ出てしまい、火の玉となって飛ぶという話だった。そういう言い伝えは昔からあって、それまでおののいていたお初が「そんなら二人はもう死んだのか」と度胸をきめるのだろう。

いったん度胸がすわると女は強い。いざ心中する段になっても、徳兵衛が刺すのをためらってばかりいると、「はやく殺して、殺して」とお初がさいそくする。それで徳兵衛はいっそう怖くなって戸惑う。このときのお初は、すでに笑みさえ含んであの世での幸せを待ち望んでいるという心が人形遣いにはあるという。

二人が離れまいと、帯をさいて長いひもにしてから、たがいの身体に巻きつけるが、この帯はじつは袋帯で、剃刀で袋帯をさいても長いひも状にはならない。よく見ると〝おかしいな〟と思うが、このあたりこそウソをマコトとして見せる知恵なのだろうか。

これも簑助から聞いて、はじめて気がついたこと。「天満屋」で二人の恋のとり持ちを

「わしが父さん母さんはまめでこの世の人なれば、」

「天神の森の段」

する女中がお玉だが、このお玉なる女性は、近松の世話物のなかに再三出てくるというのだ。『大経師昔暦《だいきょうじむかしごよみ》』（注3）、『生玉心中《いくだましんじゅう》』（注4）と、みんな女中の名は〝玉〟で、そろって忠実である。

こんな話がある。『源氏物語』で簾《みす》の奥にいて姿を見せないほど身分の高い女人がいたとき、猫が簾を体で押しあげて入ったので、はじめてその女人の顔がじかに見られたというエピソード（若菜・上）があり、恋のとり持ちをする猫の代表的名前をもじって、タマタマ近松はこの名を使ったのではないか……これは余談。

■ ■ ■

曾根崎心中（そねざきしんじゅう）

近松門左衛門の世話浄瑠璃の第一作。元禄十六年（一七〇三）初演。大坂内本町の醤油屋平野家の手代・徳兵衛と北新地天満屋の遊女・お初が、曾根崎天神の森で心中するまでを描く世話物。

注1　**二世吉田栄三**（よしだ・えいざ　一九〇三—七四）

人形遣い。父も兄も人形遣い。大正九年、初世吉田栄三の門弟となり、栄太郎から光之助と改名。昭和十八年、三世吉田光造襲名。昭和二十五年、二世栄三となる。華やかさはなかったが、文五郎、紋十郎系とはちがった遣い方が印象に残る。

注2　**野澤松之輔**（のざわ・まつのすけ　一九〇二―七五）
義太夫節の三味線弾き。大正五年に六世野澤吉兵衛に入門。吉左《きちさ》の名で文楽座へ入座。昭和十七年、松竹白井松次郎から松の一字を贈られ、初代松之輔となる。さらりとした味の芸と人。作詞作曲にすぐれ、とくに『曾根崎心中』「道行」の作曲は、名曲として評価が高い。そのほか『鑓の権三』『女殺油地獄（上中）』『長町女腹切』など近松の作品を作曲。また「お蝶夫人」「ハムレット」「椿姫」などの赤毛物新作もある。

注3　**『大経師昔暦』**（だいきょうじむかしごよみ）
近松門左衛門作。正徳五年（一七一五）初演。実際に起った姦通事件を題材に脚色された近松姦通物のひとつで、経師屋女房・おさんと手代・茂兵衛がふとしたまちがいから姦通の罪に陥る悲話を描いた。

注4　**『生玉心中』**（いくだましんじゅう）
近松門左衛門作。正徳五年（一七一五）初演。茶碗屋の息子・嘉平次と伏見坂町柏屋の遊女・おさがが生玉神社境内で心中するまでを描く心中物のひとつ。

吉田簑助による一人遣いの実例

お半

【桂川連理柵】

――えらいことやってしまいましたね、長右衛門さん（簑助）

「信濃屋」のお半《はん》のことを話す前に、隣家の「帯屋」長右衛門《ちょうえもん》のことに触れておかねばならない。

この長右衛門という男は、十五年前に、宮川町の岸野という芸妓に入れあげて、とどのつまりは桂川で心中を計るが、岸野だけ死なせて、自分はちゃっかりと生き延び、人目のなかったのを幸いに、そのことをひたかくしにして生き延びている男だ。かなり女くせの悪い、陰のある男ともいえる。

帯屋の内情も複雑である。主人の繁斎《はんさい》は、先妻との間に子供がなかったので、近隣の治兵衛の息子を五歳のときに養子にし、たいせつに育てた。これが長右衛門である。

やがて先妻は死に、長右衛門が成人してから、繁斎は、飯《めし》焚《た》き女のお竹を後妻にする。お竹は、おとせと名を改める。おとせは自分の連れ子儀兵衛がいるので、継子《ままこ》の長右衛門を目の敵にして、すきあれば落し入れようとしているのだ。

長右衛門の女房お絹《きぬ》は、すでに十年間連れ添う仲だが、子供ができない。しかし、ひかえめであり、また思慮深い女性で、ことごとく夫をかばうから繁斎のお気に入りだ。

さて、長右衛門の身辺に意外なことが起る。遠州への商用の帰りがけ、石部《いしべ》の宿で、お伊勢参りの隣家のお半と同じ宿に泊る。信濃屋の丁稚の長吉がお半に惚れていて手を出そうとするので、お半は逃げて、長右衛門の部屋へ飛び込み、

「おじさん、おじさん」

と助けを求める。そして、長右衛門が蒲団《ふとん》のなかへもぐり込ませたのはいいが、まさか、まさか、わずか十四歳のお半とはるか年上の長右衛門が、男女の関係を結んでしまった。

長右衛門にだって多少の分別はあるから、小娘をかくまってやる程度の、ほんの軽い気持ちだったが、蒲団のなかのお半の肉体は、忘れかけていた十五年前の宮川町の芸妓を思い出させたのかもしれない。

簔助によると、お半と長右衛門の同衾《どうきん》の現場を目撃する丁稚長吉の型として、頬被りに尻はしょりして腕組みし、首をかしげるのだが、このかたちが、『桜鍔恨鮫鞘《さくらつばうらみのさめざや》』「鰻谷《うなぎだに》」で八郎兵衛が女房のお妻の浮気（じつは八郎兵衛の金策のための擬装）を見つけるときの門口の恰好とまったく同じだという。これは、「鰻谷」の初演が安永三年、「桂川」の初演が安永五年、という点を考えるとおもしろい。

お半はもとよりみずからの成熟に気付いていない。〝かくれんぼ〟のような気持ちでいたら、いつしか長右衛門に抱かれていた。まだ精神的に未熟なお半だけに、いったん火がつくと一途であり、長右衛門以外の男は眼中にない。こんなお半にたじたじとなりながらも、長右衛門もお半にのめり込んでいく。そして、お半の腹には子供までみごもってしまっていた。うわさは近所中へひろまっていく。

お絹にはちゃんとわかっている。悋気《りんき》もないわけではない。だが、夫のメンツを考え、

「アイ、〳〵、今まではよう可愛がってくださんした。礼は云はずに気を揉まして」

「帯屋の段」

「やんがて女夫にならんしょと、」

「道行朧の桂川」

ひたすら耐える。お絹の悲痛な思いを聞いてほしい。

「私も女子の端ぢゃもの、大事の男を人の花、腹も立つし、悋気の仕様も、まんざら知らぬでなけれども、可愛い殿御に気を揉まし、煩《わずら》ひでも出やうかと、案じ過ごして何にも云はず、六角堂へお百度も、どうぞ夫に飽かれぬやう、お半女郎と二人が名さか、立たぬやうにと願立ても、はかない女の心根を、不憫《ふびん》と思ふていつまでも、見捨てず添ふてくださんせ」

ひたすら波風は立てず、夫との平和な生活を、耐えることによってとりもどそうとするお絹の心情がいじらしいが、「何にも云はず」と放っておいては手ぬるい。お半と長右衛門はますます深みにはまっていく。

長右衛門も、いったんは反省して、お半に手紙を書き、「別れよう」と意見するが、お半を逆に刺激してさらに燃えあがらせ、とうとう二人は死への道を連れ立って歩み始める。

長右衛門とお絹の間に、もし子供がいたならばとも思うが、長右衛門は、自分の娘のような、純心無垢の少女のような、しかも子供を宿したお半の複雑な魅力に、麻薬のごとくとりつかれてしまうのだ。

簑助　えらいことやってしまいましたね、長右衛門さんは。

と、簑助は語る。

簑助　十四、といえば、ほんの小娘ですわね。けれども妊娠はしっかりでける立派なおなご。妊娠してるおなごで、おぼこさを出さねばなりませんから、むつかしいですよ、お半は。文楽では歌舞伎と違うて、ちょっとした工夫があります。お半が暖簾《のれん》から覗《のぞ》くところがあります。歌舞伎では、暖簾を割って首を出して、恥かしそうにそのまま出ますけれど、文楽では、はじめ首だけ出しておいて、あたりを見てから、いったんなかへ姿を消します。ややあって次に出るときは、お半の背中から見せていってゆっくり出ます。人形遣いは逆さまに遣うんです。つまり、外の様子を見て人目のないのをたしかめ、二度目には内のなかから見つかりはしないか、お半がおののいている心の表現です。そこが、お半を遣う人形遣いのひとつの見せ場です。「八百屋」お七が櫓《やぐら》に登るところで人形遣いがうしろから遣うのと同じ技法です。

お半から見れば、抱かれた長右衛門を「おじさん、おじさん」と呼び、本当に自分はほんの子供のつもり、長右衛門ははるか大人でたよりきれる男なのだ。分別は一方的に長右衛門に押しつけられるのだからたいへんだ。だが、これも身から出た錆《さび》で、ついにはお半を背中に背負って、まるで子守でもしているような恰好で桂川へ身を投げる。

簑助はいたずらっぽく、ある三味線弾きの心中のしぞこないの楽屋話をオマケにくれた。

簑助　お半をおぶうのは、より強くおぼこさを印象づけるためですが、それと逆の話があります。ごく小柄な三味線弾きが、たしか大阪の北の新地の義太夫芸者といい仲になって、死のうと〝お半長〟よろしく桂川へきました。思い切って川へはまったはいいが、三味線弾きは苦しくてそばにある杭につかまった。その杭をよく見れば女の足で、女は川が浅すぎて膝をすりむいて立っていたんです。

■　■　■

桂川連理柵（かつらがわれんりのしがらみ）

菅専助作。安永五年（一七七六）十月初演。信濃屋の娘・お半は十四歳。隣家の帯屋・長右衛門は複雑な家庭事情のある中年男。旅先の石部宿でふとした成行きからの同衾をきっかけに、追いつめられて桂川で心中するという世話物。二巻で上巻「石部宿」、下巻「帯屋」。

政岡【伽羅先代萩】

――位からしても品からしても、最高の役です（簑助）

タイプ――という言葉が近頃の若者の間ではやっている。自分好みの男、または女、ということである。

文楽の女にもいろいろなタイプがあるが、私の〝タイプではない〟という女が政岡《まさおか》である。政岡という女性は、堅すぎる。忠義一途に凝りかたまっていて、いっさい〝遊び〟というものがない。色気がないどころか、そばへ寄るのもはばかられるようないかめしさで、

「御殿の段」
政岡飯炊き

独身処女ならいざ知らず、よくも千松《せんまつ》を生んだものだと思うほど堅い女である。

政岡にはいっさいセックスアピールがない。もし政岡と性交渉を持とうとしても、いざ、ことにおよぼうとすると、左右に用心深くまなこを配り、男が手を出そうとすると、その手をピシャリと振りはらって、

「これッ、たしなみゃいのォ」

などと言われかねない雰囲気がある。

だから、単なる女としての魅力からいえば、こんなつまらない女もめずらしい。現代でも、〝男勝りの女〟というのは、多かれ少なかれ政岡と同じように男性から見られているといってよい。女の値打は、感性・言動・肉体のやわらかさだと私は思う。

ところが、歌舞伎でも文楽でも、政岡は女方にとって最高の役であり、これほど演りたい役もめずらしいという。おそらく『摂州合邦辻《せっしゅうがっぽうがつじ》』の玉手御前《たまてごぜん》（注1）と双璧の役であろう。

それについて簑助から聞いた話だが、三和会《みつわ》の頃、地方巡業した桐竹紋十郎（注2）は、学生相手の「文楽教室」をひらくと必ず役を政岡ときめ、しかも、一回演じるのもしんどいのに、一日に四回も五回も見せた。それもけっして手をぬかず、風邪をひいていようと、

体力が弱っていようと、政岡の人形を持ち『先代萩』の浄瑠璃が聞えてくるとシャンとして、嬉々として遣ったとのことだった。

実際、簑助自身も、師匠のこの気持ちがよくわかるという。

簑助　しんどい、しんどい、はやく終らんかいなあと思う役はいっぱいありますけど、この政岡だけは、そういう気持ちにならないんです。政岡とは、そういう役ですわ。

紋十郎師匠の気持ちがわかるといえば、簑助には、もうひとつ政岡について思い出がある。簑助が、まだ足遣いから左遣いになったばかりの頃、紋十郎の政岡の左として舞台に出ていた。政岡の袱紗《ふくさ》さばきは、主《おも》遣いと左遣いが一糸乱れぬ呼吸で演じなければならないが、なれない左の簑助のせいか、なかなかうまくいかない。すると、紋十郎が観客に聞えないように、呟いた。

「あーあ、お前もこの役を持つようになったら、思い知るわ」

それから何年すぎたことだろう。簑助は政岡の主遣いとなり、この師匠の言葉が、なんと身にしみることか。左遣いもまた、よほどの熟練の技を持った遣い手でなければ、政岡の人形は生きてこないと思い知らされたのだった。

八汐《やしお》が千松をなぶり殺しにし、栄御前《さかえごぜん》が安心して去って行くのを、政岡は「後には一人政岡が」で、「うまくいった」と胸をなでおろす。歌舞伎では政岡役者がにっと複雑な笑顔を見せる場面である。

ところが、人形は笑わない。すぐさま我が子千松の死骸にかけ寄って、こらえにこらえていた涙を一時に流すのである。つまり、人間が演ずる場合には、その役者の解釈によって、表情をいろいろ変えたり、チョボ（注3）の語りをやめさせてまで（「待ち合せ」という演じ方）自分の演技をキメ細かく自由に主張することができるが、人形遣いにはそうした主体性がない。すべて太夫の語りに従って動かざるを得ないのである。

「後には一人政岡が奥口窺《うかが》ひ〳〵て、わが子の死骸抱き上げ、耐《こた》へ〳〵し悲しさを一度にわっと溜涙……」

と語る浄瑠璃のなかで、なにをなすべきかを判断し、シンプルなかたちで見せるしかすべはない。子を想い、主君を想う、その板ばさみになっていた政岡が、ここぞとばかり、「どんどんどん」と足拍子を入れて「うしろぶり」の派手なポーズをとってまで嘆くのは、政岡というよりも人形遣いが、この瞬間に解放されたかのような文楽独特の演技だど、私は考える。

主君の鶴喜代《つるきよ》と我が子の千松、この二人の子供に対しての仕分けも、政岡役の大切なところである。ひもじいのをじっと耐えているいたいけな鶴喜代と千松を「えらい〳〵」とおだてるときの扇の使い方にも仕分けが必要である。鶴喜代には「おえらい〳〵」と扇子の先をやわらかく動かし、千松に対しては心の中ではほめていても扇子は〝愛の鞭《むち》〟のような扱い方になる。

こういう主君と我が子の差をどんどん積み重ねていき、観客に「なにもそこまでしなくても」と千松に同情を寄せさせてこそ、最後に政岡が愁嘆場で足を踏み鳴らす〝足拍子〟の号泣や〝うしろぶり〟が生きてくるのだろう。

とはいっても、人形遣いにとって「政岡忠義の段」で見せる前半の冷血とも見える演じ方はいささか耐えられないらしく、千松が雀に餌をやるところで、政岡が塗り物の盆を手鏡にしてそっと様子を見る演じ方もある。少しは千松の母としての真情をかいま見せたい

人目なければ伏し転び、死骸にひしと抱きつき前後不覚に

「御殿の段」

という、人形遣いも人の子だ。

かつて『先代萩』と「野崎村」（『新版歌祭文』）が同じ日に上演されたことがあり、それを六世菊五郎（注4）が見て、「同じ日の狂言で、野崎村のおみつがお染の様子をうかがう型と、政岡が盆を鏡にする型とが同じではおかしい」とけなしたとの話も残っている。盆を使う使わぬは別として、千松が八汐に殺されても「たゞ若君が大事ぞと涙一滴目に持たぬ男勝り」の政岡を、どの程度ほど、よく見せるか、人形遣いにとって、とても奥が深いからこそおもしろいのかもしれない。

おおかたの男たちからは〝タイプではない〟とけなされそうな政岡も、人形遣いにだけは、ひと味ちがう魅力的な女にうつるらしい。

■　■　■

伽羅先代萩（めいぼくせんだいはぎ）

松貫四ほかの合作。天明五年（一七八五）一月初演。仙台の伊達家騒動を題材にとり、幼君鶴喜代を、我が子千松を犠牲にして守りぬいた忠義の乳母・政岡を中心に展開する時代物。九段。六段目「御殿・床下」、通称

〝飯《まま》炊き〟が最高の見せ場。

注1　**玉手御前**

先妻の子・俊徳丸を悪計から救うため、入り組んだ筋書で我が身を犠牲にする『摂州合邦辻』のヒロイン。仕どころの多い女方屈指の大役のひとつ。

注2　**二世桐竹紋十郎**（きりたけ・もんじゅうろう　一九〇〇—一九七〇）

人形遣い。女方から立役までこなし、三和会時代は中心的存在であった。吉田簑助の師匠。文五郎ゆずりの派手な芸風で、舞踊物を好んだ。義太夫以外の清元・長唄にも挑戦した。戦後、海外にはじめて文楽人形を紹介した功績も大きい。

注3　**チョボ**

歌舞伎における義太夫語りのこと。文楽における太夫とはちがって主体性を持たず、舞台進行の補助的役割を担っている。今は「竹本」と呼んでいる。

注4　**六世尾上菊五郎**（おのえ・きくごろう　一八八五—一九四九）

歌舞伎俳優。五世尾上菊五郎の子で、大正から昭和にかけての代表的名優。

操

【絵本太功記】「尼ケ崎」

――老け女方のかしらに負けないようにとつとめます（簑助）

『絵本太功記《えほんたいこうき》』の「尼ケ崎《あまがさき》」の段の「こゝに苅取る真柴垣、夕顔棚のこなたより、現れ出でたる武智光秀」のくだりと、「妻は涙にむせ返り、コレ見たまへ光秀殿」という操《みさお》のクドキは、明治・大正の頃はまるで流行歌のように大衆に口ずさまれたにちがいない。それほど、「太十《たいじゆう》」（太功記十段目）は人口に膾炙《かいしや》したものであった。

簑助　操という役は、特別苦労しなければならんというものではありませんけど、片はずし（注1）の武将の奥さんという立場を考えますと、品よくやらなければ、と思います。まず片はずしの髪・かたちになるべく負けないようつとめる。つまり武将の女房の格を忘れないこと。それを思うと、都合のええことに、そんなに動けないんですわ。ただしクドキのところだけは足拍子を入れ、竹槍持った派手な動きがあります。夫を思うあまり、夫を諫《いさ》めるという、ちょっとは気の強いおなごというところでしょうか。女が亭主に、しかも文七頭《ぶんしち》（注2）の光秀に意見をするのは、おそらく、義太夫狂言のなかで、操ぐらいのものでしょう。

簑助が操をはじめて遣ったのは、「第一回文楽若手嫩会《ふたば》」（昭和三十四年一月）の舞台であった。もちろん当時の簑助は若手の一員であったから、ふだんの公演での操はもっぱら紋十郎が遣っていた。

紋十郎は、クドキとなると、どちらかといえば当て込みの強い芸で、この操も踊り出すように見えたが、あまりやりすぎると嫌味だし、そうかといってなにもせぬのはものたり

「コレ見たまへ光秀殿。軍の門出にくれぐ〵もお諫めもうしたそのときに、」

「尼ケ崎の段」

ない。その兼ね合いがたいせつだ。そしてそれは太夫・三味線しだいでもある。

八世綱太夫は著書の『でんでん虫』のなかで、心構えとして、「操のクドキの前に、光秀の老母が光秀に繰り言をいうが、これが肺腑をえぐるような深刻なものであるのにくらべ、つづく操のクドキは、相手の気分をほぐすように、あるいは優しくすがりつくように、情愛をこめて諫《いさ》め、それと同時にお客さんをいい気持ちに酔わすのがコツ。総踊りにならないよう注意している」と言っている。

操のクドキの前にある老母の繰り言とのムードのちがいがたいせつだということがわかる。「かうした歎きはあるまいに」あたり、老母の姿を見るに忍びないという操の気持ちが、人形にも浮んでこなくてはいけない。竹槍を手にとって足拍子を踏む人形。「現在母御を手にかけてェエエ――（合の手）チレチンレン、ツルガンツン、チレチンレン、ツルガンツン……」と演奏する太夫・三味線も、ここはノリたいところだろうが、かつて山城少掾《やましろのしょう》などは、前うけを嫌い、節廻しの技巧をなるべくはぶいてサラサラッと語ったので、人形遣いのほうから、

「山城ハン、あれでは人形の当て場がおまへんがナ」

「親人におはするや」と、いふも苦しき断末魔。見るに驚く母親より、

「尼ケ崎の段」

と、文句を言われたことがあったそうだ。

「取りつく島もなかりけり」で、紋十郎の操は、息をはずませ、あまりにもひどいではありませんかと、なじるがごとく、うらめしげに光秀を見あげた一時期があったが、じっくり操の性根を考えるようになってから改めたという。つまり、光秀に「退《す》さりをらう」と一喝され、そうはおっしゃってもと、なおもすがりつきたいような気持ちで光秀に近寄るが、「一心変ぜぬ勇気の眼色」で張りつめていたものがうつろになり、呆然とその場にうずくまって、肩を落し、うなだれる、という段どりに変えたのだ。簑助は、そういう師匠の演技の変化を、左で感じとっていた。

「女童《おんなわらべ》の知ることならず。退さりをらう」は「熊谷陣屋《くまがいじんや》」（注3）で熊谷と妻相模《さがみ》の見せる型とまったく同じ天地の見得である。二重の上からニラミ下ろす光秀、右手を前方に出して〝海老反り〟で見あげる操。この場合、人間だと真うしろに反れるが、文楽では主遣《おも》いがうしろから手を突込んでいるわけで少し斜めになる。注意しないと操の尻がゆがんで美しいかたちにならない。

操のクドキは、悲しい場面であっても、観客にとってみれば楽しい。女方の人形遣いがもっとも派手に動くことができるところだからだ。ただここで忘れてならないのは、じっと母や妻の諫言を聞いている光秀の人形だ。あの大きな鎧武者《よろいむしゃ》の光秀を左手一本で支え、右手には軍扇を持ち、それを右膝に立て、かしらは操のほうに向けず、ひたすら不動の姿勢を保っている。少しでも動くと光秀が小さくなってしまう。主遣いがツキアゲ（注4）を自分の胸に当ててじっと支えている苦しさは、派手に動いている操とはくらべものにならない。

それはともかくとして、文楽の女たちは、娘でも、人妻でも、遊女でも、激情が走ると舞台一杯あふれるがごとく派手に振舞い、足を踏み鳴らし、恨み、つらみをいっきょに吐き出す。それまで耐えに耐えていた悲しみ苦しみを全身で表現しようとする。生身の人間では、とうていできないアンバランスな動きなのに、文楽の人形は少しも違和感なく、観客を納得させ、最高の陶酔にみちびいてくれる。

正確な浄瑠璃の解釈や人物の性根の把握とは別に、文楽の女たちが、こういう見せ場をつくってくれたことに私はいつも感謝している。

■ ■ ■

絵本太功記（えほんたいこうき）

近松柳ほかの合作。寛政十一年（一七九九）七月初演。明智光秀の謀反から滅亡までの十三日間を、光秀を中心として、一日一段、日毎に順追って十三段で構成する時代物。六月十日を描く十段目「尼ケ崎」は、通称「太十」とも呼ばれ、しばしば上演される。操は光秀の妻。

注1　**片はずし**
女方の鬘のことで、武家女房や奥女中など身分の高い役柄に用いられる。または、格の高い役柄の総称。

注2　**文七頭**
立役の人形のかしらの代表的なもので、肚《はら》のある武勇に富んだ役柄に用いられる。

注3　**熊谷陣屋**
『一谷嫩軍記《いちのたにふたばぐんき》』の三段目。並木宗輔（千柳）作。宝暦元年（一七五一）初演。熊谷は敦盛の母・藤の方の恩義に報いるために、我が子・小次郎を敦盛の身替りに立てたが、それをひた隠しにし、藤の方と妻・相模に軍物語を聞かせる場面。

注4　**ツキアゲ**
肩板からつながっている竹の棒のことで、上下させて男の人形の息遣いをみせる。本来は右手で受けて重さを支えるが、人形遣いによっては自分の胸で受けることもある。

おみつとお染

【新版歌祭文】「野崎村」

――野崎は歌舞伎と文楽のちがいがはっきり出ます。一遍見くらべてください（簑助）

歌舞伎では、「野崎村《のざきむら》」の配役に、立女形《たておやま》がおみつ、若女形がお染《そめ》を演じることが多い。そういう印象からか、お染よりおみつのほうがなんとなく年上の感じがして、おみつは分別もあり、そのため、自分を犠牲にして久松《ひさまつ》をお染にゆずってしまうのだろうと早合点しがちだが、そうではない。

おみつとお染は、ほとんど年齢はちがわないというのが常識である。だから文楽では二人共に振袖を着せている。ちがうのは氏素性である。おみつは飾り気のない田舎娘であるのに対して、お染は都会育ちのオマセな娘であり、しかも大店《おおだな》の〝とうさん〟（お嬢さん）である。

人形遣いは、この差を芸によって見せなければならない。

簑助は、普通の人ではちょっと気がつかない点を教えてくれた。

簑助　お染の首筋から背中に注意してくださいい。妙なものをつけてますでしょ。襟袈裟《えりげさ》というものです。東京の娘にはこんなもんはつけませんが、大阪のええとこのお嬢さんに限って、こんなもんを昔はつけたんですね。この襟袈裟の本来の目的は、髪のタボの油が着物を汚さんようにするためのカバーみたいなものですけど、これには刺繍《ししゅう》がしてある。それも家紋の刺繍なんです。そして鈴までついていて、歩くたびにチャラチャラ鳴る仕かけがあるんです。これは迷子札なのか、箱入り娘が表へこっそり出ようとしても鈴が鳴るので、すぐわかってしまう仕かけとも考えられます。おみつとの区別は、この襟袈裟のあるなしを見ると、ようわかります。

「アイ〳〵、そんなら風の来ぬやうに」となにがな表へ当り眼、門の戸ぴっしゃり

「野崎村の段」

なるほど、これはおもしろい。

歌舞伎ではほとんどカットになることの多い「野崎村」の最初のくだり、文楽でいう端場《ば》で、おみつはいやな予感をする。流行の繁太夫節《しげ》にのせてお夏清十郎（注1）の道行本《みちゆき》を祭文《さいもん》売りが売りにくるので、そんな不義密通の物語は聞きたくないと、

「通りゃ通りゃ」

と、追い払おうとする。おみつは、三里離れた大坂に、明日にでも祝言しようという久松がいるが、病の床に伏している母親の看病に明け暮れ、芝居見物ひとつせず、家事にかかりきりの孝行娘で、奉公している久松が、もしやお夏清十郎のようにお染とねんごろな仲になりはしないかと気を揉んでいた。そこへ、皮肉にも祭文売りが来かかったのである。

田舎娘が腹立ちまぎれに祭文売りを追い返そうとするとき、箕助のおみつは、箒《ほうき》の柄で柱をコーンと叩く。それは、いかにも品のない田舎娘ならではのしぐさで、こういうこまかいしぐさを重ねていってヤボったさを出すのだろう。

ヤボといえば、帯の締める位置でも、おみつとお染はちがう。おみつは、ざっくり着た木綿の着物に帯はちょっと下目にするし、お染は上にする。これも人形遣いの心得だ。そ

して、おみつは、鏡に向って髪を直すにも、シナをつくらず、さらりとヤボにやる。

簑助が、この「野崎村」のおみつのしぐさで現代人に理解できるだろうかと心配になるところもある。おみつが大根を刻み、ナマスをつくるくだりで、うっかり手を切って血が出る。すると、袂《たもと》の底に溜っていた綿ぼこりを出し、それを切り傷に塗る。昔の血止めである。さらに、お染が戸口に来かかると焼餅をやいて、裏へ回って箒を持ってきて、それを逆さまにし手拭で頬被りをさせて戸口に立てるのだ。これは、嫌な人が早く帰ってほしいというマジナイで、これも現代人に理解できるかどうか。

名人吉田文五郎（難波掾《なにわのじょう》）によれば、近世のおみつは、初世紋十郎（注2）が最高だったそうで、線香の火をお染に突きつけて悋気《りんき》まじりに横を向きツンと身体をひねるかたちがなんともよかったというが、それは、主《おも》遣いの胴串《どぐし》を持つ左手首の働きが非常に強いことから生れたらしい。これも観客には見えない技術である。

「逢ひにきたやら南やら……」の掛詞で久松を口説くお染は、ほとんど座ったままのかたちなので、これまた至難の技だ。

久松は一応は久作《きゅうさく》の子供となっているが、作者の近松半二（注3）は、久松に次のよう

「兄様お健でお染様、もうおさらば」と詞まで早や改まるおみつ尼

「野崎村の段」

な境遇を与えている。和泉《いずみ》の国の相良《さがら》丈太夫が、主君のたいせつな家宝の短刀をあずかりながら盗まれてしまう。丈太夫は切腹し、その家来の三平も追腹《おいばら》を切る。このときに丈太夫の遺児で六歳だったのが久松で、久松の乳母（三平の妻）のお庄は、兄の久作に養育をたのみ、久松は十歳になって大坂の油屋へ奉公に出されるのである。一方のおみつは、久作の後妻の連れ子であり、血縁的にも問題のない久松とおみつを、久作は夫婦にさせようと楽しみにしていたのであった。

こういうことを踏まえると、後妻で盲目になってしまった母親や久作はこの芝居では重要で、この二人とお染・久松の板ばさみになるおみつはたまらなく不憫《ふびん》である。

「無理に私が添はうとすれば、死なしゃんすを知りながら、どう盃がなりませうぞいな」と、髪を切り尼となって、久松をお染にゆだねる悲劇が涙を誘う。

幕切れに連れ弾きの派手な三味線は、東海林太郎の「野崎小唄」にまで転用されておなじみだが、これは文楽独特の工夫で、あのボリュームが悲しみを倍加させる。歌舞伎のほうでは、送りの三味線が終ったところへ本釣りを打ち込み、鶯《うぐいす》を鳴かせ、土手の上にとり残されたおみつと久作が涙と共に抱き合う演出だが、文楽では三味線のまま幕を閉めるところがちがう。こういう相違にも目をつけて双方をくらべてみるのも興味深い。

■ ■ ■

新版歌祭文（しんぱんうたざいもん）

近松半二作。安永九年（一七八〇）九月初演。油屋の娘・お染と丁稚・久松の心中を脚色した作品のひとつで、名作とされる世話物。二段。上巻「野崎村」では、乳母の兄で野崎村に住む養い親・久作の元に帰された久松、久作の後妻の連れ子・おみつ、訪ねてきたお染のからみを中心に展開。

注1　**お夏清十郎**

播州姫路の旅籠屋但馬屋の娘・お夏が、手代の清十郎と通じ、家の金を持ってかけ落ちするが捕えられ、清十郎は主家の金を横領した罪で刑死し、お夏は発狂する。寛文二年（一六六二）に実際に起った事件で、しばしば浄瑠璃等の題材に取りあげられた。

注2　**初世桐竹紋十郎**（きりたけ・もんじゅうろう　一八四五—一九一〇）

明治期を代表する人形遣い。最初の名前が門十郎といい、色気がないというので紋十郎と改める。簑助の父紋太郎の師匠でもある。女方を得意とした。

注3　**近松半二**（ちかまつ・はんじ　一七二五—一七八三）

浄瑠璃最後の大作家。歌舞伎を意識した作風で、推理小説のような複雑な筋の展開を特色とした。代表作として、『奥州安達原《おうしゅうあだちがはら》』『本朝廿四孝《ほんちょうにじゅうしこう》』等多数がある。

深雪

【生写朝顔話】

――ハンサムな男を見染めたばっかりにね（簑助）

太平洋戦争が終って間もない昭和二十四年五月に、文楽座が「三和会《みつわ》」と「因会《ちなみ》」とに分裂した。それ以来、袂《たもと》を分って十余年もの間別々の公演をつづける。文楽にとってはまことに不幸な一時期であった。

因会は文楽座の体制側だったため、それまでどおり四ツ橋《よつばし》文楽座をはじめ松竹系の大劇場で堂々と公演することができたが、組合派の三和会は有力劇場から締め出されたような状態で、東京公演は三越劇場と契約を結んでいたからまだよかったが、あとは、公会堂とか学校の講堂を借りて興行をやるしか仕方なかった。簑助は紋十郎に従い三和会だったから、その当時の苦しい台所事情は身をもって体験している。

しかし、これは文楽を愛する人びとにも、まことに悲しい状態とうつった。両派の合同を望む声は次第に高まり、それに加えて、昭和三十五年ぐらいから文楽の興行成績が悪化の一途をたどりはじめたのである。

ちょうどそんな時期に、私は大阪へ転勤した。昭和三十七年七月であった。この年の二月に吉田文五郎が逝き、その翌月三月には、大阪御堂《みどう》会館で桐竹紋二郎改め三世吉田簑助の襲名披露（東京披露は前年六月）が行われている。そして翌三十八年には、とうとう因会と三和会は解散、両派は統合して財団法人（現公益財団法人）「文楽協会」として再出発することになった。

この頃、私は劇場中継を担当し、一方、「文楽協会」の技芸員としてスタートしたばかりの簑助は、昭和三十八年七月道頓堀文楽座で『生写朝顔話《しょううつしあさがおばなし》』の「宇治川螢狩の段」の深雪《みゆき》をつとめ、また「明石船別れの段」「宿屋の段」では紋十郎の深雪の左遣いとして出演していた。ちなみにこのときの太夫・三味線は次のとおりである。

「宇治川螢狩」　豊竹綱子太夫（現咲太夫）と豊竹若子太夫（後の呂太夫）の一日替り、
〔三〕鶴澤徳太郎
「明石船別れ」　竹本織太夫、〔三〕鶴澤藤蔵、〔箏〕鶴澤清治
「島田宿・笑薬」〔口〕豊竹小松太夫と竹本相子太夫（後の相生太夫）の一日替り、
〔三〕野澤勝平（後の喜左衛門）〔奥〕竹本文字太夫（現住太夫）
〔三〕鶴澤燕三
「奥座敷」　竹本綱太夫、〔三〕竹澤弥七、鶴澤寛弘（後の団六）
「大井川」　竹本土佐太夫、〔三〕野澤吉三郎

振り返ってみれば、この頃の文楽は、まだまだ層が厚かったとしみじみ思う。いずれにしても、この『朝顔話』が、私と簑助の出会いといってよい。二人そろって満三十歳の夏であった。

さて、深雪は、たまたま螢狩で会った宮城阿曾次郎《みやぎあそじろう》にひと目惚れし、別れてからますます恋しさがつのり、男を追いつづける執念深い女である。その忍耐強さは、目を泣きつぶして盲目になろうともひるまぬほどである。この「逢いたい」「恋しい」と男を追う深雪に対して、作者は、あらゆる場面でスレチガイの趣向を駆使して彼女を悲しみのどん底に突き落すことを忘れない。これが〝文楽版・君の名は〞と呼ばれるゆえんである。

しかも、親が深雪に結婚をすすめる聟《むこ》の候補こそ、実は宮城阿曾次郎だったのに、名前を駒沢次郎左衛門と変えていたばっかりに、夢にも深雪は恋人とは気付かないという設定とか、せっかく再会しかかったのに嵐のために両方の船が吹き別れてしまうとか、さすらいの深雪が恋人の前で琴を弾くのに、盲目のためわからぬとか……とにかく現実離れしたしつこいスレチガイ劇ではある。

深雪の執念はすさまじい。ひょっとすると、阿曾次郎は深雪の深情《ふかなさ》けに恐れをなして逃げ回っていたのではないかとカングりたくなるほどだ。男というものは、あまりしつこくされると興味を失う。自分のほうが上だと錯角するのである。けっして悪い気はしないのに、すでに手中に入れたという自信からか、次の女へと目移りしかねない。だが、とにか

〽露のひぬ間の朝顔を、照らす日かげのつれなさに、哀れ一むら雨のはらはらと降れかし。

「宿屋の段」

く深雪はしつこい。その名も深雪――深い雪のなかへズボッと足を踏み込めば抜き差しならぬという暗示のようにも思える。『道成寺』の清姫と『朝顔話』の深雪は、深情け女の双璧であろう。

簑助　この深雪、私としてはたいへん好きな役です。

たとえ深情けでも簑助にはいいらしい。

簑助　まず「螢狩」、螢見物の夜に、阿曾次郎が書いた短冊が風のいたずらで深雪の船に舞い込んだところから恋が芽生えるんですが、この短冊に「露のひぬ間《ま》の朝顔……」という歌が書いてある。深雪が船から阿曾次郎をチラッと見たときに、なんていい男やねんというふうな演技をしなければ、この芝居は成り立ちません。

深雪が、門付《かどづ》けとなり盲目になってから、朝顔という名前に変るのはこのためだが、露で濡れているうちが花という朝顔は、いつも涙で濡れている深雪への手向け花だ。

簑助　ちょっと話が落ちますけれど、螢狩で深雪の乳母が気をきかして阿曾次郎を船のなかへ入れてやって、若い男女が船のなかで盃ごとをするんですわ。そのあとで二人が障子を閉めると、昔は、船を揺《ゆす》ったというんです。揺っておいて、客に想像させてから障子をあけて深雪に髪を直させるという、こんなエゲツナイことをやったんですね。

島田の宿屋の段になると、深雪の朝顔は盲目である。盲目の場合、手からさぐるとか、足からさぐるとか、いろいろな演技のテクニックがあるが、そのあたりのコツを簑助に聞く。

簑助　目のあいている人というのは、なにかひとつ落ちてるものを拾うんでも、まず目で見て、それから拾います。膝をさするにも、さする手が目線の方向にあるのが自然です。ところが盲目の人は、耳が目なんですね。だからなにか触るときは、まずそのほうへ耳を

「夫の後を恋ひ慕ひ、石になったる松浦潟、ひれふる山の悲しみも、」

「大井川の段」

向けておいてから、耳と同じ方向へ手を出す、これがひとつのコツでしょうか。

宿屋の段で朝顔が琴を弾くが、この趣向は『壇浦兜軍記《だんのうらかぶとぐんき》』の「阿古屋《あこや》琴責《ことぜめ》（注1）」のくだりを借りたという説もある。なるほど、阿古屋を朝顔に、畠山重忠を阿曾次郎（この場では駒沢次郎左衛門）に、そして岩永左衛門を岩代多喜太に模しているようにも思える。

文楽で人形が楽器を演奏する場合、特殊な手を使うことは御存知のとおりで、ここでは〝琴手《ことで》〟が登場する。

簑助　この琴手は、人間がお琴を弾くように使うと駄目で、コロリンシャンの「シャン」は、実際は指がつぼまるんですけれど、人形の場合は「シャン」でひろげるんです。そうしないと「シャン」

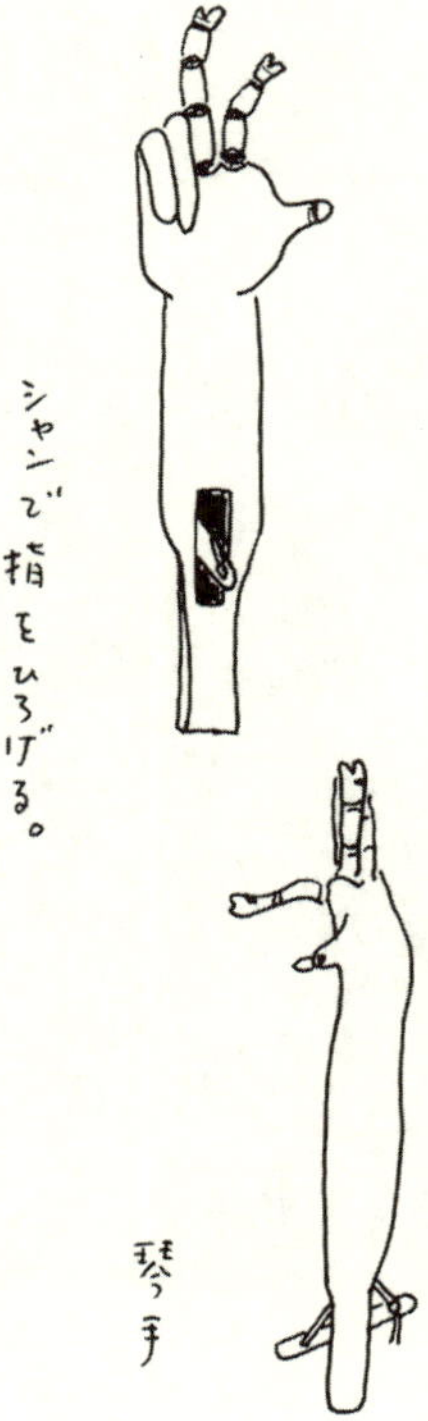

イラスト　山川静夫

と弾いているように見えません。嘘をつくんですが、嘘を真《まこと》に見せる。三味線手も同じように人間が弾くのとはちがう使い方をしております。

「宿屋」の朝顔のクドキでは、下手《しもて》うしろぶりを見せる。主遣《おも》いが上手へ廻って下手向きになり、人形をうしろ姿にしてから、主遣いの右手が左もあずかり、左遣いをなくしておいて、かしらを右に振り返らせて肩を落す美しい線を見せ、両袖を胸元で合せるうしろぶりだ。この下手うしろぶりは、両袖を大きく左右にひろげる上手うしろぶりより地味だが、それだけに朝顔には似合う。

駒沢次郎左衛門が恋しい阿曾次郎だとわかり朝顔があとを追うとき、三味線しだいで二つの振りがある。「チンチン、チンチン、チンチンチン」と弾くときは、もどかしそうに急いで歩く振りを見せ、「チン、チン、チン、チン」と弾くときは、「盲目飛び」といって飛ぶような振りとなる。

「大井川」で川止めと聞かされた朝顔は、色気も洒落気も投げ捨てて、ひたすら「恋しい、恋しい」で身を投げ出すような感情の極まりを見せてこそ、この芝居はいっきに盛りあがる。

■　■　■

生写朝顔話（しょううつしあさがおばなし）

山田案山子（近松徳叟）遺稿、翠松園主人校補。天保三年（一八三二）初演。秋月家の息女・深雪が、宇治の螢狩で見染めた宮城阿曾次郎を追って家出し、幾多の苦難ののち、めでたく巡り合うまでを描いた時代物。五段。

注1　**阿古屋琴責**

『壇浦兜軍記』の三段目。文耕堂、長谷川千四合作。享保十七年（一七三二）初演。源頼朝の命を受けた畠山重忠と岩永左衛門が、平家の重臣・悪七兵衛景清の行方詮議のため、馴染みの傾城・阿古屋を拷問する場のこと。畠山重忠は阿古屋に琴・三味線・胡弓を演奏させ、その音色に乱れがないのは景清の行方を知らぬ証拠として許す。

お三輪【妹背山婦女庭訓】

――文五郎師匠の出が、すばらしかった（簑助）

「私たちの右足の小指に眼に見えぬ紅い糸がむすばれてゐて、それがするすると長く伸びて一方の端がきっと或る女の子のおなじ足指にむすびつけられてゐるのである。ふたりがどんなに離れてゐてもその糸は切れない。どんなに近づいても、たとひ往来で逢っても、その糸はこんぐらかることがない。さうして私たちはその女の子を嫁にもらふことにきまってゐるのである。」（太宰治『津軽』より）

私が初任地の青森放送局に赴任して真先に読んだ『津軽』の、この一節で、瞬間的に、

〈あッ、お三輪《みわ》だ！〉

と、感じた。

お三輪は、生れながらにして自分についている運命の赤い糸を知らず、改めて、〝願いの糸〟を男につけて追う。そして裏切られ、死んでいく。哀れである。

お三輪は、まだ寺子屋へ通っているほどのおぼこい酒屋の娘である。しかし、ちょっとオマセで、求女《もとめ》（原作では求馬）の正体も知らず勝手に自分の殿御《とのご》と定め、すっかり夫婦《めおと》気分でいる。そこへ、見たこともない女がやってきて求女を連れ出していったと聞き、求女を詰問する。求女の言いのがれに「さすがおぼこの解けやすく」で、すぐ機嫌を直し、折から七夕祭の夜とて苧環《おだまき》（注1）を星に供え、

「殿御の心の変らぬ様に星様を祈るには白い糸、赤い糸、おだまきに針を付け結び合はせて祭るとやら……白い糸は殿御と定め、女子の方は赤い糸。それで私もこの願籠《がんご》め」

と、恋の成就を願うのである。

このくだりは、『妹背山《いもせやま》』の四段目の端場《はば》「井戸替」につづく「杉酒屋」だが、男女の

縁を糸によってさぐる趣向は、太宰の『津軽』や「杉酒屋」以前から、伝説として存在していた。

『古事記』によると、崇神天皇の頃、大和に住んでいた美しい姫のところへ、夜な夜な男が忍んできて、やがて姫は懐妊する。両親はあやしみ、姫に命じて男の着物の裾に、麻糸を通した針を刺させ、糸巻の糸をたぐっていったところ、男はなんと三輪山の神オオモノヌシだったという。この伝説が能の『三輪』となり、さらに、『妹背山』のお三輪の苧環の糸に結びついてくるわけだ。

文楽の『妹背山』でお三輪を演ずる場合、まず第一の鍵は「杉酒屋」でのお三輪の出だと簑助は言う。

簑助 お三輪は寺子屋へ手習いに行って帰ってくるんです。で、手習草紙を持って、ほおずきを揉みながら出てくるんですね。これをいかに可愛らしく遣うかが第一番のポイントです。こういううぶな娘は文五郎師匠っていうのはお得意だったんですよ。そして、お三輪は、背中に団扇をはさんでいるんです。こんなものが、ほんまにあったのかどうかわか

娘のお三輪、寺子屋戻り、足早に門口這入れば

「杉酒屋の段」

りませんけども、求女に対して恨み言を言うときに、この団扇を使うんです。団扇の絵の部分に月が描いてあって、この月が鏡になってるんですわ。お三輪は恥かしい、まともに求女が見られない、だから、こう、団扇ごしに覗《のぞ》く、求女が月にうつってる、という心でサワリをするという、こんな可愛い振りがついてます。

それともうひとつは、お三輪の衣裳ですね。〝段鹿子《だんがのこ》〟という柄《がら》は文楽ではよく使います。お染でもそうですけれど、これは本来、長襦袢ですよね。長襦袢を上着に持ってくるという、こんな大胆なことを考えたのは人形遣いの知恵じゃないかと思うんです。

ほおずき、月の絵の団扇、段鹿子の衣裳、こうしたものを生かすも殺すも人形遣いの腕しだいである。

道行《みちゆき》では、求女と橘姫《たちばなひめ》にお三輪がからむが、これを文楽のアメリカ初公演で見せたとき、外人客のほとんどが、曲は派手だし、見た目は美しいし、ひとりの男性を二人の女性が奪い合いする、焼餅をやく、という内容はよく理解してもらえたが、なぜ途中で三人そろってダンスをするんだと言われ、それ以来、この「道行恋苧環《みちゆきこいのおだまき》」は外国では出さなくなったそうだ。

　ここで求女は苧環の糸を橘姫につけ、お三輪は求女の裾に糸をつけて、あとを追う。この苧環のあつかいが人形遣いはたいへんらしい。左手で人形のかしらを操りつつ、右手で苧環をくるくる回す。それだけならまだいいが、右で苧環を回している袖の下を、左のかしらがぐるぐるという皿回しの曲芸のようなことをやらなければならない。

　簑助の師匠の紋十郎もこれには苦労したようだが、あるときひとりの弟子が、

「お師匠はん、苧環のなかへモーター仕込みまひょか」

と提案すると、紋十郎、大のり気で、

「そら、ええ考えや、やってみて」

　たしかにこれで苧環は苦もなく回転するようになったが、お三輪が苧環を落したときでも「ブルルーン、ブルルーン」と音を立てながら回りつづけた。

　お三輪が糸をたどって行きついたところは「金殿《きんでん》」だ。ここでは、かわいそうなお三輪に、もうひとつ大きなイジメが待っている。いささか喜劇的な官女たちが、寄ってたかってお三輪をなぶりものにする。御殿の大奥というよどんだ世界にいる、ゆがみきった女官

あまりて三輪も悋気の針。男の裾に付くるとも、しらず印の糸筋を、慕ひ―と金殿へ求馬を追っていく見得。

「道行恋苧環」

たちの残酷な仕打ちが、純粋なお三輪の恋心の前に立ちはだかるのだ。女の嫉妬の恐ろしさと冷酷さがひしひしと感じられ、お三輪の哀れを一段と盛りあげる。

簑助　お三輪が「竹に雀」で馬子唄《まごうた》を唄わされるところは派手にも地味にもやれますが、やっぱり太夫さんによってずいぶんちがいます。文楽の場合っていうのは、太夫の芸風によって型をきめていくわけですから、遣い方はみんなちがいます。今残ってる振りというのは、文五郎師匠から伝わったのが紋十郎師匠へきて、紋十郎師匠から僕らにきてる、そういうようなお三輪の型ですね。それを、どういうふうな悲しみ、どういうふな嫉妬に見せるか。好きな男が、ちがうおなごと今向うの寝殿で寝てる、馬子唄をやれば許してもらえる、愛してもらえる、だから死にものぐるいで嫌なこともやる、この気持ちが案外大事なところなんですね。

初世紋十郎は、片手は竹、片手は袖のなかでゲンコツをこしらえたと聞くが、簑助は、袂《たもと》をくるッと巻いて肩にのせ、馬子が手拭を肩へのせるような気持ちで馬子唄をやる。一方、太夫のほうは、声に自信のある人は「竹に雀」を楽しく語るが、声に自信のない人はここでサラリと逃げておいて、あとの金輪《かなわ》の五郎のくだりで聞かすといったちがいもある。

求女は藤原淡海であった。「金殿」で、自分がだまされたとわかったお三輪は、ここではじめてあからさまな嫉妬の炎を燃やし、いきり立つ。が、最後には、愛する男のために自分の生命が役立ったことを知り、「たとえだまされても、あの人のために死ぬなら嬉しい、この世は縁薄くとも、未来は添うてくださいね」と、苧環を〝我が夫〟と抱いて死んでいく。お三輪の人形は、

簑助　苧環をたいせつに、という気持ちを忘れぬことがいちばん。

簑助は心得ている。

〝亭主元気で、留守がいい〟とは誰が言い出した言葉か。夫婦がはじめて一緒になった頃は、片時も離れるのが不安だったのに、いつしか歳月がたつと、たがいの欠点も見えてくるし、わずらわしくなることもある。「亭主が外でなにをしていようと、われ関せず」、

という奥様方もいる。しかし本当はそうではないだろう。自分のそばへ引きとどめておきたくても、亭主の行動を完全に掌握することが不可能と悟った末の、あきらめである。本当は「亭主は私のいないところでなにをやっているのか」知りたいのである。

お三輪は、それを実際に可能にするため、願いの糸を求女につけたのである。それは、お三輪の、あくまでも愛する人と共にいたい、よそで、ほかの誰と、なにをしているのか知りたい、無関心ではいられないという深い愛の表現なのだ。そこが、たまらなく愛《いとお》しい。

■ ■ ■

妹背山婦女庭訓（いもせやまおんなていきん）

近松半二ほかの合作。明和八年（一七七一）初演。古代神話や大化改新を題材とするスケールの大きな構成を持つ王代物の傑作。四段目「道行恋苧環」「三笠山御殿」（金殿）では、お三輪の悲劇的な恋を中心に描き人気があり、しばしば上演される。

注1　**苧環**

細長い取っ手がついた中空の糸巻状のものに、つむいだ麻糸を巻きつけたもの。

八重垣姫

【本朝廿四孝】「十種香」

――この武田家のお姫さんは、大胆なこと、言うでしょ（簑助）

お姫さんというと、格式の高い家に生れた深窓の令嬢で、しとやかでウブな女性と思いがちだが、ときによっては勇猛果敢、あられもない言動で恋ひとすじに突き進むことがある。その代表的な姫が八重垣姫《やえがきひめ》だろう。

文楽の女方人形遣いは、この八重垣姫をこよなく愛してきた。三世吉田文五郎、二世桐竹紋十郎という簑助の二人の師匠も、どれほどこの人形を遣ったことか。

それについて、こんな話が残っている。吉田文五郎は年をとって耳が聞えなくなってしまっても舞台へ出て、カンで人形を遣ったことは有名だが、そんなある日、新橋演舞場で八重垣姫を遣った。文五郎には床《ゆか》で語る豊竹山城少掾《やましろのしょうじょう》の義太夫が耳からは入ってこないが、太夫の口さばきとか三味線のバチの動きでさぐりながら、八重垣姫の人形を遣っていたのである。そのうちに文五郎が、

「あーあ、長いなァ」

と呟《つぶや》いた。本人は小声で呟いたつもりだったが、難聴の人というのは声が大きいから、山城少掾にそっくり聞えてしまった。舞台が終って、山城少掾が文五郎に、こう皮肉った。

「わての浄瑠璃長うおまっか、悪おましたな」

老齢の文五郎には八重垣姫はさぞ長く感じられたであろうが、それでも、八重垣姫は離せなかったのだ。

簑助は、はじめ、この八重垣姫役は嫌いだったという。その原因は、四段目の「狐火」の段での早替りや人間離れした派手な振りが、リアルな演技を追求しつつあった簑助にはなじまなかったからだろう。しかし、年と共に感じ方が変ってきた。「十種香《じゅっしゅこう》」の段から

通して八重垣姫をみると、なんとすばらしい役なのだろうと思えるようになった。八重垣姫は、そういう深い魅力を持った役なのである。

簑助　上手の障子が開いて八重垣姫がはじめて姿を見せるときに、お客さんに背中を向けて勝頼の絵姿に手を合せています。このうしろ姿で、まず、八重垣姫という〝赤姫〟（注1）の品を、見る人に感じてもらわなくてはいけません。このうしろ姿のサワリがずいぶん長いんです。

明治三十五年八月に大阪の文楽座で好評を得た初世紋十郎の八重垣姫の、うしろ向きのサワリの型を、演劇評論家の三木竹二が『歌舞伎』（第三十七号）に書き残している。

姫の拵《こしらえ》は、吹輪に花櫛、緋へ金べた菊模様の裲襠《うちかけ》は袖口に長き総《ふさ》の付いたもの、同じ色に菊模様の振袖、織物の帯で、最初は後向きで居り、「見れば見るほど」で、両袖を拡げ、「美しい」で、首を左へ斜に振って横顔を見せ、「こんな殿御と添臥の」で、前を向き、「果報

「十種香の段」
「もうし勝頼様、（略）、
御前の姿を絵に描かし、見れば見るほど美しい」

ぞと」で、拡げた袖を前で合せ、次に右の袖を口へ当て、「月にも」で、上を見て、「画像の」で、掛物を左の手で指し、「十種香の」で、経机を上手へ引寄せ、「香華と」で、驚く心で体を後へ引き、「なったるか」で、涙を右の袖口で拭く。「回向せうとて御姿を」で、画像を見、「絵には描かしはせぬものを」で、右の手首に掛けた数珠を経机の上に落し、「魂返す反魂香」で、下手を向いて泣く。「名画の力も」で、両袖を合せ、「ある」で、体を後へ反らし、「ならば」で、絵を見て、「可愛とたった一言」で、後向きになり、「お声が聞きたい〳〵」で体を右と左とへ振り、裾を煽《あお》る。「画像の傍に身を打伏し」で、泣き伏し、「流涕焦れ見え給ふ」で、首を左へ廻して後を向き、ちょっと左の袖口を上げて、又画像に向かって泣き伏す。

このように、うしろ姿中心の振りから、八重垣姫がいかに婚約中の勝頼に惚れていたかを観客に理解させ、しかも姫としての気品をただよわせなければならない。

八重垣姫は、やがて勝頼そっくりの男が目の前にいることに気付く。〝勝頼は生きていた〟という感動が八重垣姫の胸をつらぬき、我を忘れて一間《ひとま》を走り出る。ここからの八重垣姫

「同じ羽根の鳥翅、人目にそれとわからねど親と呼び、また妻鳥と」

「十種香の段」

は、恥かしさはあるが大胆である。両袖を前ですり合せるようにして振りながら、いそいそと女心を存分に見せて男に近ずき、いきなり膝にもたれてキマル。

勝頼でなく花作りの簑作《みのさく》だと説明されても、八重垣姫はひるまない。たとえ勝頼とちがう男でも、これだけ似ていてはあきらめられず、濡衣《ぬれぎぬ》に仲立ちをたのむほど積極的だ。姫もひと皮むけば、恋の炎に身をこがす女でしかない。

ただし濡衣と簑作の関係が気になる八重垣姫は、「イヤ隠しゃんな」とカマをかけるが、このとき右袖を高くあげ、その袖下から簑作の様子をそっと覗き見る振りがあるが、ここは八重垣姫が初々しい色気を表現するところである。

濡衣が諏訪法性《すわほっしょう》の兜を持ってくるならばと条件を出すので、八重垣姫は、濡衣は敵の武田方の廻し者であり、簑作こそホンモノの勝頼だと見破るが、勝頼への思慕はいっそうつのり、武田・長尾両家の政略結婚のはざまに悩みつつも、父親の謙信を裏切ってまで兜を渡す決心をするのだ。

「許嫁ばかりにて枕かはさぬ妹背中」から、八重垣姫の派手なクドキになる。ヤマ場の「親と呼び、またつま鳥と」で両袖をひろげて鴛鴦《おしどり》の羽根のかたちを見せ、「呼ぶは生《しょう》ある習

「八百八狐付き添ひて、守護する奇瑞に疑ひなし」——からの狐の形姿。

「奥庭狐火の段」

ひぞや」で立ちあがった八重垣姫は、右の袖を前で振り、左の袖をあげて上手へきて、右の袖を胸に当ててからうしろ向きになり、まず左、そして右と振り向いて、最後に右からうしろを振り向いてキマル。

簑助　このサワリも人形遣いが考案したんですけれど、本当に振りがよくついています。歌舞伎ではやりませんけど、文楽ではサワリの終《しま》いに、勝頼のつけている裃《かみしも》に八重垣姫が肩を置きますと、裃がさがります。それで〝ボテチン〟（注2）と裃のさがったんを手でとって、〝サワリ落チ〟という三味線の「チン、チン、チン」の三つ目の「チン」に合せて、勝頼の膝に、片ヒジをトンと突き、斜《なな》めにすがります。これ、専門の振付け師がおるわけやなし、いかにも人形らしいというのんか、ようこんな振り人形遣いが考えたなと感心します。

簑助は先人の知恵に脱帽し、かつて文五郎や紋十郎が演じた振りをしっかり受け継いでいるが、この「十種香」の段は、まさに夢の世界とでもいうような絢爛たる舞台でありたい。

その美しい舞台に咲く美しい姫八重垣は、〝文楽の女〟のなかでもスター中のスターであり、戦国の世の政略結婚をのりこえて、みずからを夢のような恋の陶酔にのめり込ませる女なのだ。

■　■　■

本朝廿四孝（ほんちょうにじゅうしこう）

近松半二ほかの合作。明和三年（一七六六）一月初演。戦国時代の武田家と上杉家の争いを題材とした時代物。五段。今日では、諏訪法性の兜をめぐる両家のいさかいの渦中、謙信の息女・八重垣姫の、許婚者で敵対する信玄の子息・勝頼への炎のような激しい恋心を描く四段目「十種香」「狐火」のみを上演することが多い。

注1　**赤姫**

人形浄瑠璃や歌舞伎のお姫様役は赤い振袖を着ているので、お姫様役の通称としてこう呼ばれる。

注2　**ボテチン**

三味線をトン、テン、チンと弾いてすぐに余韻を消す手法のことで、派手な聞かせどころとなるため、サワリ等のヤマ場に用いられる。また、サワリの場面等で、よろよろとよろけて腰を落したりするときに用いられる。

夕霧

【夕霧阿波鳴渡】

——うーん、恋わずらいですかね、これ（簑助）

とにかく夕霧《ゆうぎり》という女性は、よほど素敵な傾城だったようだ。美人薄命を地でいって、二十七歳の盛りに大坂新町《しんまち》で死んだのが延宝六年（一六七八）正月六日のことだった。近松は、その翌月、ただちに夕霧の追善劇を書いた。『夕霧名残の正月』である。

『夕霧阿波鳴渡《ゆうぎりあわのなると》』は、その後続作品だが、文楽では長く途絶えていたのを、国立劇場が開場後に復活した。

恋風や、その扇屋の金山と、名は立ち上る夕霧や、

「九軒吉田屋の段」

なり・かたちからみても立兵庫《たてひょうご》の鬘《かつら》といい、衣裳の重みといい、歌舞伎の『助六』の揚巻《あげまき》（注1）と同じような貫目で、簑助によれば、

簑助　鎧武者《よろいむしゃ》の人形と同じくらいの重さがあるんですよ。けれども、その重たさをお客さんに悟られてはいけないというのが心得ですね。

というのだから、女方の人形遣いも重労働だ。

しかも夕霧は最高の太夫である。色気に加えて知性と品位を備えていなければならないという。同じ色を売る商売でも、梅川《うめがわ》などとくらべると位がちがう。梅川ならば、ちょっとくずれた色気を出すのだが、この夕霧は軽々とは動けない。

もっとも鬘が重い場合、打掛を軽くすると、かえって遣いにくいらしく、鬘と打掛が共に重いからこそバランスがとれる。そして、その重さのせいで簡単には動けないから、かえって夕霧らしいゆったりとした動きができるのかもしれない。

夕霧は伊左衛門に恋こがれて〝恋わずらい〟をしていることになっている。

「痩《や》せ衰《おとろ》へてこの病。鍼《はり》と按摩《あんま》でやう〳〵と、命つないで来たものを……」

という夕霧の言葉にもみえるように、かなりの衰えで、その表現として夕霧は病鉢巻をしている。

簑助　その病鉢巻も、歌舞伎の場合というのんは、顔の輪郭を鉢巻でかくさないように、前の鬢《びん》のなかへ紫の鉢巻を通すんですよ。文楽の場合では、顔はそんなに見せなくてもいいから、本当の頭痛であることを強調するためにオデコにかけているんです。

簑助の病鉢巻の解説である。

久しぶりに会った伊左衛門に、散々焼餅をやかれ、罵詈雑言《ばりぞうごん》をあびせられ、たたかれた夕霧は、恨めしげに、

「たまさかに逢うてこな様に甘えようと、思ふ所を逆様な、こりゃ酷《むご》たらしいどうぞいの。私が心が変ったら、踏んでばかり置かんすか、叩いて腹が癒《い》えるかいな。コレ死にかゝってゐる夕霧ぢゃ」

と精一杯の恨み言をならべるのは当然だが、実は夕霧には奥の手があると私は思うのである。

夕霧と伊左衛門の間には、すでに七つになる男の子がいるのだ。

「この夕霧をまだ傾城と思うてか。コレほんの女夫《めおと》ぢゃないかいの。明くれば私も二十二。十五の暮から逢ひかゝり、もう何年になることぞ。儲《もう》けた子さへはや七つ」

いくら伊左衛門が「万歳傾城」とか「惣嫁《そうか》」（近世の上方で路傍で色を売る最下級の売女）と悪口をならべても、夕霧には〝逆転の一発〟として子供をタテに伊左衛門とたたかうことができるのだ。しかも、伊左衛門には「去年の暮から丸一年、二年越しに音信《おとずれ》なく」という弱味もあり、恋人や子供を放ったらかして借金から逃げ廻っているようなダメ男だから、賢明な夕霧に敵《かな》うはずがない。

しかし、夕霧は十分に自分の置かれている世界や立場を承知していて、めったなことでは奥の手など匂わさず、ダメ男に対しても下手《したて》に出る。

「色街に身を置く自分にとって、たとえ世間はせまくても、せめて誠と誠をもって楽しみたいのよ」

と、ささやかに最小限の望みと心意気を伊左衛門に示す。

浮気者で金銭にだらしのない男と関係を持ったばっかりに、子供までできて、はては男に捨てられ、一生苦労する女性は現代にも多いが、相手の弱味を握っている女性は、今も昔も強い。こういう女性を怒らせるとどういうことになるか、男性はよく承知しておいたほうがいい。

さすが新町の最高の太夫夕霧だから、めったなことでは逆襲はしないだろうが、豪商「藤屋」の若旦那というバックを持つ伊左衛門だけに、足元をみられないとは限らず、夕霧の恋わずらいも、伊左衛門に同情心を起させる仮病《けびょう》というのは思いすごしか。私には、嵐の前の静けさが気になって仕方がない。その女の静けさが怖いのだ。

夕霧は才色兼備の名妓と思いたいが、やさしい女に無理難題をふっかけたり、甘くみたりすると、あとで男はどういう目に遭うか、これだけは用心したほうがよい。

■　■　■

夕霧阿波鳴渡（ゆうぎりあわのなると）
近松門左衛門作。正徳二年（一七一二）初演か。大坂新町で全盛をうたわれた太夫・夕霧が二十七歳の生涯を閉じたのを追悼して、多くの夕霧物が書かれたが、本作もそのひとつ。身請け話のある新町扇屋の夕霧と勘当の身の藤屋伊左衛門、二人の子・源之介の別れと再会を描く世話物。三巻。上巻「吉田屋」が名高い。

注1　**揚巻**

歌舞伎十八番のひとつ『助六』（『助六由縁《ゆかりの》江戸桜《えどざくら》』）に登場する新吉原で全盛を誇る傾城。遊女ながら最高位の花魁《おいらん》で、貫目のいる女形屈指の大役となっている。『助六』は正徳三年（一七一三）に原型が初演。

山川さんとの御縁

三世　吉田簑助

山川さんのお顔もなにもまだ知らなかったころのことです。

東京のNHKのアナウンサーで、たいへん古典芸能に詳しく、歌舞伎が趣味といっていいぐらい好きで、いまは亡き十七世中村勘三郎師の声色を得意とし、歌舞伎の舞台で勘三郎師早替りのときの「影の声」を勤めて、勘三郎その人をも驚かせたというユニークなおかたがおられるということが、大阪の私たちの耳にも聞えてきて、一度お目にかかりたいと思っておりました。

やがて、そのユニークなおかたが、山川静夫さんその人であることを知り、奇しくもその山川さんが大阪中央放送局に転勤して来られたのが昭和三十七年頃のことだったと思います。今では劇場からの舞台中継や録画を放送できるようになりましたが、当時は放送局のスタジオに舞台を組んで中継していました。その文楽番組の解説や出演者へのインタビューを山川さんが担当されました。

そのころの文楽にはまだまだ三業の大先輩が活躍しておられました。今は亡き竹本綱太夫師匠（現咲太夫君の父）のお家が現在の国立文楽劇場のそばの二ツ井戸というところにあり、山川さんは個人的にもよく綱太夫師匠のお家に出入りしておられました。私もなぜか師匠に可愛がられ、出入りさせていただいておりました。お酒を御馳走になったり、昔の名人のお話を聞かせていただいたり、ときには綱太夫師匠の合三味線の竹澤弥七師匠もお出でになり、つい気がつくと、ふだん話から芸のお話にまで盛りあがり、ただただ貴重なお話を聞かせていただくことがたびたびと重なっておりました。

そんなことが縁で、山川さんをはじめ、尺八の池田静山さん、高木浩志プロデューサー、それにまだ青年だった咲太夫君などと、しばしば南や北の紅灯の巷をさまよっておりました。そんな年月のなか、山川さんはいつのまにか『綱太夫四季』という後世に残る本を書きあげ、さらにつづいて『歌右衛門の疎開』をはじめとして立派な本を次々と世に出されました。山川さんの著書を拝見して、同じトリ年、昭和八年生れの私などは、その頃といえば遊びしか頭になく、精進もしなかったことを、たいそう後悔した思いが強く残っております。

やがて大阪での仕事を立派に果たされ、ふたたび東京の局に栄転されてからも公私共にお付き合いさせていただきました。最近も山川さんと私は、NHK衛星放送の二十四時間ぶっつけ本番『義経千本桜』をテーマにした番組で、歌舞伎と文楽のちがいを話し合ったり、「すしや」に出てくるお里が弥助と共に住んでいたと伝えられる場所や静御前が恋しい義経のあとを慕って歩いた道をたずねたり、源平合戦ゆかりの須磨の浦にロケするなど、得がたいお仕事を御一緒させていただき、これもなにかの御縁と思いました。

平成五年のある日、山川さんと私の共通の知人から、私たちの〈還暦〉を人生のひとつの区切りとして祝いましょうというお誘いをいただきました。

山川さんは「還暦を祝ってもらうのも結構だが、まだまだ若い心で仕事をつづけたい」、そして私も「まだまだ舞台の修業をつづけたい」という心でありましたので、御辞退しましたところ、それでは「還暦を祝わない会」なればということで知人たちが寄り集まり、盛大な宴をひらいてくださいました。

尊敬する竹本越路太夫兄さんが引退されるときに「義太夫の修業は一生では足りなかった、もう一生欲しかった」と言って舞台を去られた、そのお言葉が私の胸に突き刺さっております。「還暦」には昔から「赤いもの」を身につけるという習慣が日本にはあります。私としては「赤いもの」を着るということは「赤ちゃん」にかえるという意味に受け取り、越路兄さんにならって原点に戻って修業をつづけていきたいという思いです。

山川さんのお心とそんな私の思いが期せずして同じであったことから、「それではこの還暦を機に、二人共同のものを後世に残しておければ嬉しいね」という話になり、その結果、『文楽の女——吉田簑助の世界』と名付ける本書が生れることとなりました。

忙しいなかの山川さんの御努力、人形にこめられた心までも表した舞台写真をいろいろな角度から苦労して撮影された青木信二さんに感謝します。また、私たちになによりたいせつな首をつくってくださり、撮影にも御協力をくださった大江巳之助師、そして本書の出版に並々ならぬ尽力をしてくださった淡交社のみなさまにも厚く御礼を申し上げます。

平成六年　二月吉日

あとがき

山川静夫

吉田簑助さんとの出会いは、勘平ではありませんが、三十になるやならずの年頃でした。若さにまかせて働き、若さにまかせてミナミやキタで飲み明かした大阪時代を経て、私が東京へ転勤してからも、お付き合いに濃淡があったにせよ、変らずつづいてきました。

いつでしたか、簑助さんが、

「あなたにいっぺん書いてほしいのよ」

と、簑助芸談をまとめるヒントをくださいましたが、素人同然の私に、そんな大役が全うできるわけがなく、そのままに時が過ぎていきました。

そして、平成五年、二人はそろって還暦を迎えました。

「還暦記念に、なにか残しましょうよ」

これはどちらからともなく、阿吽の呼吸でした。折も折、京都在住の親しい方々が、簑助さんと私のために還暦の祝宴を京都「竹茂楼」でひらいてくださることになって、それを機に、二人は、めずらしく時間にゆとりを持たせ、京都で丸二日間、淡交社の小川美代子さんを介して、文楽の女について語り合いました。それがこの著作の元となったのですが、写真家の青木信二さんの御協力も得て、ちょうど三人遣いの文楽人形のように、三人で力を合せ〝三位一体〟の心でつくりあげたものと御理解ください。

これより先、簑助さん御自身が物した『頭巾かぶって五十年』がありますので、『文楽の女』は、別の視点でまとめたいというのが共通の思いでした。

文楽の女は、美しく、愛しく、哀れです。封建時代の下では常にしいたげられつづけてきた女ばかりです。そんな女たちのために、およばずながらも多少の弁護をしてやれたら……そして、それを舞台で表現する〝人形遣い吉田簑助〟がどんな心で臨んでいるのか、わかりやすく現代の感覚もこめて描き出すことができればと願いました。男たちの義理のために犠牲になっていった人情豊かな女たちの、一隅なりと照らしてやれたら幸いです。

つい先頃、ＮＫＫの「昼どき日本列島」というテレビ番組に出演された簑助さんが、まだ少年時代の修業に明け暮れしていた大阪四ツ橋文楽座界隈を、みずから案内しつつ往時を語るシーンを拝見しました。

「楽屋口がこのあたりで、ここで暑い日も寒い日も文五郎師匠をお迎えしました。師匠は必ず愛用のステッキで、スットン、スットン、スットントン、と楽屋口の床をお打ちになりますのですぐわかります。それを聞くと、こないして飛び出していったものです」

簑助さんは、身ぶり手ぶりよろしくそう説明されました。

そのときに私は、文五郎師匠ほどには恵まれなかった人形遣い・桐竹紋太郎、つまり簑助さんのお父上が、同じ文楽座におられたことをふっと思い、親子の関係よりも師弟の関係を優先させる芸道のきびしさが胸にせまってきました。

簑助さんの前名は紋二郎でした。これは、お父上の名前の紋太郎にちなんで、文五郎師匠が「おとっつあんの子やさかい、紋二郎にしとき」と、命名してくれたのです。紋太郎は初代紋十郎の弟子でしたが、紋十郎を継ぐことはできませんでした。そのお父上の心を一番よくわかっているのは簑助さんです。

今、文楽人形遣いの名手となられた簑助さんですが、これからもきっと、お父上の分まで頑張ろうと燃えているにちがいありません。そして、「吉田簑助」という名前をもっともっと大きくしてくれると信じています。

簑助さんが、いつも謙虚でありつづける姿勢にも、私は感動を覚えます。だからこそ、簑助さんの文楽の女たちは美しいのでしょう。

平成六年　春立つ日に

新書版刊行にあたり

〝まことの花〟の美しさ

山川静夫

簑助さんとは、今年で五十三年もの付き合いになります。私が大阪中央放送局に勤務していた頃は濃密な親交があり、東京に転勤してからも交流は続き、共に元気よく精力的に働いたものでした。

その二人に相次いで病魔が襲いかかりました。平成十年に簑助さんは脳出血、平成十二年には私が脳梗塞で倒れたのです。

しかし、簑助さんは「再び舞台に立ちたい」と、涙ぐましいリハビリを続け、見事に復帰を果し、私も運よく失語症から立ち直りました。このあたりの経緯は淡交社から出版された『花舞台に帰ってきた』（簑助・山川共著）に、くわしく述べています。

その後、簑助さんは不自由になっていた体をものともせず名舞台を生み出しました。初世玉男さんが『曾根崎心中』徳兵衛一、一一一回記念の舞台でもお初をつとめ、終演後「いついつまでも添うて下さい」というお初の恋文を玉男さんの徳兵衛に渡しました。

更に、平成十九年の春には、フランス芸術文化勲章「コマンドゥール」を叙勲され、フランス大使館のパーティーでは「酒屋」のお園を見せて大喝采をあびたのも忘れません。この時の左遣いは現勘十郎さんでした。

簑助さんは、いのちの限り文楽の女たちを愛しています。人形の胴串《どぐし》は簑助さんの命綱と言ってもよいでしょう。そして、かほどの情熱をこめて遣う簑助さんの、「芸」が醸《かも》し出す〝まことの花〟の美しさに、私は感動します。

簑助さんと私は、同じ昭和八年生れで、年を重ねることによる体力の衰《おとろ》えは、きびしく老体に襲いかかります。そして、なによりも、簑助さんのことばの不自由さも重くのしかかります。ことばが安定していれば、大勢の弟子だけでなく、文楽ファンにも、簑助さんが育《はぐく》んできた孤高《ここう》の芸を存分に伝えることが出来るのに……それればかりが残念でなりません。
東京公演のたびに、二人は健康を確認し合いますが、このたび淡交社の新書として『文楽の女──吉田簑助の世界』が取り上げられ、簑助さんにも大きな励ましとなること必定です。どうか、手に取りやすくなった新書版を、ごひいきよろしくお願い申し上げます。

平成二十八年夏

P139	お初『曾根崎心中』天満屋の段	昭和61年12月
P141	お初『曾根崎心中』天神の森の段	昭和61年12月
P147	お半『桂川連理柵』帯屋の段	平成３年10月☆
P148	お半『桂川連理柵』道行朧の桂川	平成３年10月☆
P154	政岡『伽羅先代萩』御殿の段	平成３年10月☆
P159	政岡『伽羅先代萩』御殿の段	平成３年10月☆
P164	操『絵本太功記』尼ケ崎の段	昭和60年５月
P166	操『絵本太功記』尼ケ崎の段	昭和60年５月
P172	おみつとお染『新版歌祭文』野崎村の段	昭和62年12月
P175	おみつ『新版歌祭文』野崎村の段	平成5年1月◎
P182	深雪『生写朝顔話』宿屋の段	平成２年５月
P185	深雪『生写朝顔話』大井川の段	平成２年５月
P192	お三輪『妹背山婦女庭訓』杉酒屋の段	昭和61年８月
P195	お三輪『妹背山婦女庭訓』道行恋苧環	昭和61年８月
P202	八重垣姫『本朝廿四孝』十種香の段	平成４年９月
P204	八重垣姫『本朝廿四孝』十種香の段	平成４年９月
P206	八重垣姫『本朝廿四孝』奥庭狐火の段	平成４年９月
P210	夕霧『夕霧阿波鳴渡』九軒吉田屋の段	昭和62年２月

◎印は大阪・国立文楽劇場　　○印はラフォーレ原宿

☆印は池袋公会堂　　その他は東京・国立劇場の公演

写真撮影記録

P7	梅川『冥途の飛脚』封印切の段	平成５年２月
P8	梅川『冥途の飛脚』封印切の段	平成５年２月
P11	梅川『冥途の飛脚』道行相合かご	平成５年２月
P17	おかる『仮名手本忠臣蔵』祇園一力茶屋の段	平成２年６月◎
P18	おかる『仮名手本忠臣蔵』祇園一力茶屋の段	平成２年６月◎
P26	お吉『女殺油地獄』豊島屋油店の段	平成３年５月○
P28	お吉『女殺油地獄』豊島屋油店の段	平成４年８月◎
P33	治兵衛『心中天網島』北新地河庄の段	昭和62年２月
P36	小春『心中天網島』北新地河庄の段	昭和62年２月
P44	お駒『恋娘昔八丈』鈴ケ森の段	平成元年９月
P53	静御前『義経千本桜』道行初音旅	昭和62年７月◎
P55	静御前『義経千本桜』道行初音旅	昭和62年７月◎
P58	お里『義経千本桜』すしやの段	平成３年９月
P68	お園『艶容女舞衣』酒屋の段	平成４年５月
P70	お園『艶容女舞衣』酒屋の段	昭和62年９月
P71	お園『艶容女舞衣』酒屋の段	昭和62年９月
P72	お園『艶容女舞衣』酒屋の段	昭和62年９月
P99	お染『染模様妹背門松』蔵前の段	平成２年２月
P107	お辰『夏祭浪花鑑』釣船三婦内の段	平成５年９月
P110	お辰『夏祭浪花鑑』釣船三婦内の段	平成５年９月
P112	義兵次『夏祭浪花鑑』泥場	昭和63年５月○
P116	お谷『伊賀越道中双六』岡崎の段	昭和61年５月
P119	お谷『伊賀越道中双六』岡崎の段	昭和61年５月
P124	お千代『心中宵庚申』上田村の段	昭和60年２月
P127	お千代『心中宵庚申』上田村の段	平成５年８月◎
P132	お千代『心中宵庚申』道行思ひの短夜	昭和60年２月
P136	お初『曾根崎心中』天満屋の段	昭和61年12月

参考文献　『演劇百科大事典』　平凡社
『カラー文楽の魅力』　吉永孝雄・三村幸一著　淡交社
『国立劇場芸能鑑賞講座　文楽』　日本芸術文化振興会
『頭巾かぶって五十年』　吉田簑助著　淡交社
『綱大夫四季』　山川静夫著　南窓社
『日本古典文学大系』　岩波書店
『日本の芸談 3』　九藝出版
『文五郎一代』　梁雅子著　朝日新聞社
『文楽』　水落潔著　新曜社
『文楽のすべて』　高木浩志著　淡交社
『文楽床本集』　国立文楽劇場・国立劇場

プロフィール

吉田簑助　よしだ・みのすけ

昭和8年（1933)、文楽人形遣い・桐竹紋太郎の息として生まれる。

昭和15年（1940)、吉田文五郎に入門、同17年紋二郎と命名、同23年桐竹紋十郎門下となる。

昭和36年（1961）三世吉田簑助を襲名。当代随一の女形人形遣いとして活躍。

平成6年（1994)、重要無形文化財保持者（人間国宝）に認定。同8年紫綬褒章、同9年芸術院賞、同21年文化功労者として顕彰。同24年芸術院会員。

著書に『頭巾かぶって五十年』『花舞台へ帰ってきた』『吉田簑助写真集』（共に淡交社)。

山川静夫　やまかわ・しずお

昭和8年（1933）静岡市生まれ。

昭和31年（1956)、アナウンサーとしてＮＨＫに入局。ＮＨＫ特別主幹を経て平成6年（1994）よりフリー。

現在は、エッセイストとして執筆・講演活動など多岐にわたって活躍中。

著書に『綱大夫四季』『歌右衛門の疎開』（共に岩波現代文庫)、『人の情けの盃を』『歌舞伎のかくし味』『文楽の男』『花舞台へ帰ってきた』『歌舞伎は恋』（共に淡交社）など多数。『名手名言』で平成2年度の日本エッセイストクラブ賞を受賞。

青木信二　あおき・しんじ

昭和20年生まれ。写真家・安東紀夫氏に師事。

写真集に『野村万蔵の世界』(朝日ソノラマ)『狂言面礼賛』(芳賀書店)『吉田簑助写真集』（淡交社）等。日本写真家協会会員。

本書は平成6年に刊行された『文楽の女―吉田簑助の世界』をもとにしています。
本文は基本的に刊行時の表記をそのまま採用していますが、刊行より時を経たため説明が必要な場合や、難解読字について新たにふりがなを振る等、改訂を加えています。

協力　国立劇場
国立文楽劇場
ラフォーレ原宿
池袋公会堂
公益財団法人　文楽協会
一般社団法人　人形浄瑠璃文楽座むつみ会

装幀　中本訓生

淡交新書
文楽の女――吉田簑助の世界

平成28年8月19日　初版発行

著　者　吉田簑助・山川静夫
発行者　納屋嘉人
発行所　株式会社 淡交社
本社　〒603-8588 京都市北区堀川通鞍馬口上ル
営業　075-432-5151　編集　075-432-5161
支社　〒162-0061 東京都新宿区市谷柳町 39-1
営業　03-5269-7941　編集　03-5269-1691
http://www.tankosha.co.jp
印刷・製本　図書印刷株式会社

ISBN978-4-473-04116-6